T0270283

DIOS TE HABLA

EXPERIENCIAS DE LA CONEXIÓN DE LA HUMANIDAD CON UN PODER SUPERIOR

Neale Donald Walsch

Título: Dios te habla
Subtítulo: Experiencias de la conexión de la humanidad con un Poder Superior
Autor: Neale Donald Walsch

Título original: Godtalk
Copyright © 2023 Neale Donald Walsch
Publicado originalmente en Estados Unidos por Sacred Stories Publishing

Primera edición en España, mayo de 2024

© para la edición en España, Ediciones El Grano de Mostaza S.L.
Traducción: Miguel Iribarren

Impreso en España
ISBN PAPEL: 978-84-128427-5-3
ISBN EBOOK : 978-84-128427-6-0
D.L: B 8152-2024

El Grano de Mostaza Ediciones, S.L.
Carrer de Balmes 394, principal primera
08022 Barcelona, Spain
www.elgranodemostaza.com

Cualquier forma de reproducción, distribución, comunicación pública o transformación de esta obra solo puede ser realizada con la autorización de sus titulares, salvo excepción prevista por la ley. Diríjase a CEDRO (Centro Español de Derechos Reprográficos) si necesita fotocopiar o escanear algún fragmento de esta obra («www.conlicencia.com»; 91 702 19 70/ 93 272 04 45).

DIOS TE HABLA

EXPERIENCIAS DE LA CONEXIÓN DE LA HUMANIDAD CON UN PODER SUPERIOR

Neale Donald Walsch

Índice

PRIMERA PARTE. Entender cómo te habla Dios 11

Donde hay aseidad, allí Dios es 13
Una visita inesperada 15
¿Puede CUALQUIERA hablar con Dios? 21
¿Por qué hablar con Dios? 27
¿Te escucha Dios? 39
Las formas en que Dios te habla 43

SEGUNDA PARTE. Experiencias de las conexiones de la humanidad con un Poder Superior 53

Los mejores bailarines conocen la gracia que cada tropiezo contiene .. 55
Mejor que las lilas 57
La tórtola y la mano de Dios 71
Viaje al corazón 79
Ponte faldas 85
Recuerda que tienes mi corazón 91
Él me respondió 97
El pacto 103
La Madre Gaia y el indicador de gasolina 113
Respuesta a mi oración 119
La lavadora sobrenatural 125
La presencia de Dios 129
Pregúntale 135
Nuestro bebé milagroso 139
El pequeño búho blanco 145
Eso es la curación 153
Del terror a la confianza 161

Vivir un milagro ... 167
Mi ángel George ... 173
Los retos nunca terminan ... 177

TERCERA PARTE. Juntándolo todo ... 185

Hay más cosas en el Cielo y en la Tierra, Horacio, que las que se sueñan en tu filosofía. ... 187
Herramientas para abrir tu comunicación con Dios ... 189
Golpea cuando el hierro esté candente ... 201
Ahora hablemos *sobre* Dios ... 209
Hablemos también sobre el despertar ... 217
La mayor idea que podrías compartir ... 221
Unas palabras de gratitud ... 235

CONOCE A LOS NARRADORES SAGRADOS ... 237
CONOCE AL AUTOR ... 243

PRIMERA PARTE

Entender cómo te habla Dios

Donde hay aseidad, allí Dios es.

—Maestro Eckhart

Una visita inesperada

No mires ahora, pero Dios está hablando contigo. ¿Cómo crees que este libro ha llegado a tus manos en este momento exacto? ¿Coincidencia? ¿Por casualidad? ¿Serendipia? ¿En serio? Durante este período de tu vida, en el que te vendrían muy bien algunas respuestas, ¿crees de verdad que te has encontrado con estas palabras por casualidad?

Lo sé, lo sé, suena improbable, si no imposible, que Dios —si es que Dios existe— decidiera hablar contigo, *personalmente*, ahora mismo. ¿Por qué querría Dios hacer eso?

Consideremos esa pregunta dentro de un contexto más amplio. ¿Y si Dios estuviera dispuesto a hablar contigo todo el tiempo, y no solo contigo, sino con todos nosotros? No solo con el Papa, o con algunos santos y sabios, o con un maestro espiritual ocasional, e incluso con un autor de vez en cuando. Supongamos que Dios entabla una comunicación indirecta con todos los que buscan una conversación. O, para decirlo de un modo aún más intrigante, ¿y si Dios se comunica con todos nosotros todo el tiempo, incluso cuando no buscamos activamente ese diálogo?

Pues bien, he aquí la noticia: ambas afirmaciones son ciertas.

Oh, y sí, Dios *existe*. Eso también es verdad.

Ahora bien, es posible que el Poder Superior no sea lo que tú crees que es, si es que crees en su existencia. Puedes referirte a él como quieras: Él, Ella, Vida, Fuente, Energía Pura, La Esencia Primordial, El Universo, etc. Pero Dios es real. Y una comunicación bidireccional con este Dios tan real puede cambiarte la vida.

—Pero, espera un momento —dirás, insistiendo en una respuesta a la pregunta anterior—. Necesito saberlo. ¿Por qué este "Dios" que dices que existe se comunicaría de repente conmigo, si yo no he buscado esa comunicación?

La respuesta es que la *has buscado*. Puede que no lo sepas, que no lo recuerdes o que no te des cuenta de cómo lo hiciste, pero lo hiciste.

Nada viene a ti a menos que, de algún modo, lo atraigas hacia ti. Sucesos bienvenidos, sucesos que no son bienvenidos, sucesos anticipados, sucesos totalmente inesperados... Todos los sucesos, experiencias, condiciones, circunstancias, situaciones, incidentes y acontecimientos de la vida son cosas que tú has atraído hacia ti mismo. La única cuestión es si lo haces consciente o inconscientemente, activa o pasivamente, intencionadamente o no, a propósito o accidentalmente.

En este caso, puede que hayas atraído esta comunicación de Dios inconsciente o pasivamente, pero te aseguro que fue una energía dentro de ti la que magnetizó el libro que estás leyendo y te lo entregó, lo creas o no.

—Vale —dirás—, supongamos que es posible. Pero la frase inicial de este libro dice que Dios está *hablando conmigo*. Es posible que este libro me haya interesado, pero llamarlo *una comunicación directa de Dios* es algo totalmente distinto. ¿Decidiste tú que tu primer libro era una conversación con Dios solo porque tú *dijiste* que lo era?

—No. Buena pregunta, pero la respuesta es no. Tuve otras razones mucho más convincentes, concretas y creíbles para decidir que mi experiencia era una comunicación directa con lo Divino. Y es posible que tú sientas lo mismo con respecto a este libro cuando hayas terminado de leerlo.

Ahora bien, que conste que no estoy diciendo que cada palabra, cada frase, cada pasaje de estas páginas provenga directamente del poder más elevado del universo. Pero sí estoy diciendo que el hecho de que este libro, y el mensaje principal que te aporta, llegue a tu vida en este preciso momento *es* una comunicación de Dios. Ha llegado a ti a través de lo que mi maravillosa amiga, la doctora Elisabeth Kübler-Ross, psiquiatra y escritora para la que trabajé como asistente personal, solía llamar "intervención divina".

Esto nos lleva a la cuestión de cómo exactamente interactúa Dios con nosotros. Según mi entendimiento y experiencia, Dios se comunica no solo con palabras, sino también —y a veces solo— con acciones, acontecimientos, visiones, imágenes, fragancias, sonidos, ideas, tus sentimientos, tu experiencia y una lista interminable de otros fenómenos del mundo físico.

¿Has tenido alguna vez una idea brillante y te has preguntado si podría ser cierta? Luego miras al cielo nocturno y, en ese preciso momento, ves una estrella fugaz.

¿Crees que eso ha *ocurrido* sin más?

¿Alguna vez te has detenido ante una señal de stop y has vuelto a arrancar, y entonces, de repente, sientes un impulso urgente de levantar el pie del acelerador y pisar a fondo el freno sin motivo aparente, y a continuación, mientras lo haces, ves que un coche pasa delante de ti a una velocidad endiablada, aparentemente salido de la nada?

¿Crees que la razón por la que no te viste involucrado en un terrible accidente fue simplemente tu *buena suerte?*

¿Alguna vez, siendo el invitado en casa de algún amigo, te han servido un delicioso suflé y, justo antes de introducir el tenedor, se te ha ocurrido preguntar al anfitrión:

—Esto no lleva marisco, ¿verdad? —para descubrir que la respuesta era:

—Bueno, en realidad sí.

¿Crees que fue *pura suerte* evitar que te llevaran de urgencia al hospital con un *shock* anafiláctico porque el suflé contenía un ingrediente al que eres muy alérgico?

Yo he vivido cada una de estas experiencias, y estoy seguro de que no soy el único que puede contar historias de similares encuentros con el “destino”.

Ahora, volviendo al momento presente: ¿Crees que este libro ha surgido sin más en tu conciencia, o tal vez cayó en tu regazo, como llovido del cielo?

Voy a sugerir que tú lo has llamado hasta ti porque a algún nivel has *anhelado* tener una conversación sobre lo Divino *con* lo Divino, y que no es casualidad, coincidencia ni un accidente que un libro que contiene mensajes de Dios para ti en cada página apareciera en tu vida.

¿Puede CUALQUIERA hablar con Dios?

Es interesante que mucha gente que no cree en un Poder Superior y que la mayoría de la gente que cree en un Poder Superior acepte abiertamente que Dios habla directamente a los seres humanos.

Me han dicho que, en los últimos años, los antropólogos sociales han hecho encuestas en países de todo el mundo con una sola pregunta: *¿Crees en un Poder Superior?*, y que los resultados han mostrado que ocho de cada diez personas, en prácticamente todas las culturas, dicen que sí.

Y lo que observo —permite que lo diga de nuevo— es que casi todas las personas que creen en Dios aceptan que Dios ha hablado a los humanos. No parece haber duda con respecto a esto.

Se nos ha dicho que Dios habló directamente a Enoc y también que habló a través de él, y muchos están de acuerdo en que es cierto. Se nos ha dicho que Dios habló directamente a

Moisés, y luego a través de él, y muchos están de acuerdo en que esto es cierto. Se nos ha dicho que Dios habló directamente a, y luego a través de, Zoroastro, y muchos están de acuerdo en que esto es cierto. Se nos ha dicho que Dios habló directamente a Jesús, y luego a través de él, y muchos están de acuerdo en que esto es cierto. Se nos ha dicho que Dios habló directamente a Mahoma, y luego a través de él, y muchos están de acuerdo en que es cierto.

Y los que dicen que han escuchado directamente a Dios no vivieron únicamente en la antigüedad. Un hombre llamado Mirza Husayn-Ali nació el 12 de noviembre de 1817 en Teherán, Persia —ahora Irán— y murió solo ocho años antes de que comenzara el siglo XX. Más tarde adoptó el nombre de Bahá'u'lláh y declaró que había recibido revelaciones divinas. De su experiencia nació la fe bahaí, que hoy practican millones de personas en todo el mundo.

La lista de personas que sienten que han oído hablar a Dios directamente crece cada día. Compartiré algunos ejemplos en la segunda parte del libro. Por supuesto, no todos los que dicen haber escuchado directamente a Dios terminan creando una nueva religión. Pero, en casi todos los casos, esa escucha acaba convirtiéndose en la base de una nueva persona. La persona que habla con Dios cambia para siempre, sobre todo si pone en práctica lo que Dios le dice.

¿HEREJÍA, LOCURA O REALIDAD?

Ahora bien, además de los casos muy especiales y ampliamente conocidos que se han enumerado anteriormente, la mayoría de la gente estaría de acuerdo en que cualquier ser humano puede hablar con Dios. Algunos llaman a esto oración, súplica o adoración. Pero no todo el mundo está de acuerdo en que Dios *responde* a los seres humanos. Algunos lo llaman herejía. Otros lo llaman locura.

No es ni una cosa ni otra. Es una realidad.

Dios nos habla a todos, todo el tiempo. Simplemente hemos etiquetado las comunicaciones de Dios como otra cosa. Intuición femenina, una visión maravillosa, una epifanía, o incluso un golpe de genio. Podríamos sentir una comprensión asombrosa o un impulso repentino.

Podemos decir que estos pensamientos inesperados vienen a nosotros "de la nada". No podemos explicarlos fácilmente, y a la mayoría de nosotros no se nos ocurre —o no nos sentimos cómodos— diciendo que son mensajes de Dios. No queremos que nos ridiculicen ni que nos marginen, así que evitamos ese tipo de pronunciamientos, aunque pensemos que, en cierto sentido, *lo que ha ocurrido exactamente* es que Dios nos ha susurrado al oído.

Ahora podrías decir: "Oye, espera un momento. Antes has dicho que Dios se comunica directamente con todos los que buscan conversar con Él. Ahora dices que Dios nos habla a todos nosotros, todo el tiempo. ¿Cuál de las dos es?".

Ambas.

Este es el trato: todos estamos buscando conversar con Dios todo el tiempo. Lo hacen incluso los que no creen en un poder superior.

De lo que estamos hablando aquí es de energía.

La totalidad de la *vida* es energía. Y nosotros, es decir, todos los humanos —junto con todo lo demás: plantas, animales, piedras, montañas, planetas, soles, estrellas, nubes, vientos, insectos, o cualquier otra cosa— somos proyectores de energía. Estamos *hechos* de energía, *absorbemos* energía y *proyectamos* energía a cada momento.

El anhelo de obtener respuestas a los grandes misterios de la vida es una proyección de nuestras energías mentales, emocionales y espirituales del orden más elevado. También lo son nuestras plegarias cuando tratamos de encontrar soluciones a nuestros dilemas profundamente personales, a los más urgentes y apremiantes.

Estamos *llamando* desde dentro a algo que está fuera de nosotros. Tanto si nos referimos a ello como "Dios" o no, esa llamada es recibida y respondida de inmediato.

Incluso cuando no nos enfrentamos a un gran reto o a una verdadera calamidad, y solo estamos lidiando con pequeñas frustraciones y dificultades cotidianas, suspiramos y deseamos fervientemente que nos guíen *desde algún lugar*, aunque solo sea desde dentro de nosotros, donde esperamos que pueda residir la perspicacia, la sabiduría o el recuerdo de otra persona que haya superado un dilema similar.

De este modo, *buscamos* tener una conversación con Dios —si creemos que Dios existe— o conectar con *algún* manantial de sabiduría y claridad en el universo. Nos dirigimos a alguna fuente con el fin de obtener más información, sobre nuestro predicamento o dilema actual, de la que parecemos tener a nuestro alcance en el momento presente.

Creo que el libro que estás leyendo ha llegado hasta ti en respuesta a esta llamada.

Ahora bien, digo que estamos hablando constantemente con Dios porque anhelamos tener paz, alegría, claridad y amor todo el tiempo, y proyectamos ese anhelo hacia el exterior en casi todos los momentos de nuestra vida. Estas son nuestras esperanzas y sueños naturales, las preferencias y deseos de nuestra especie.

Las vibraciones de esta energía llegan al universo como si estuvieran tocando el timbre de la puerta de Dios. Podríamos decir que no buscamos activamente una conversación con Dios, pero, como mínimo, la mayoría de nosotros preferimos y esperamos tener un buen día, una buena semana, un buen mes, un buen año y una buena vida. Y cuando Dios abre la puerta y pregunta: "¿Puedo ayudarte?", nuestros corazones y mentes expresan con claridad nuestros deseos, tanto si usamos palabras como si no.

Veo que estoy empezando a responder a la pregunta que da comienzo a la siguiente sección de este libro.

¿Por qué hablar con Dios?

Hay momentos en la vida de cada uno de nosotros en los que caemos de rodillas —a menudo en sentido figurado, pero a veces de verdad— al enfrentarnos a los interminables desafíos de la existencia cotidiana en el reino físico.

En momentos de este tipo, hablar con Dios puede suponer una enorme diferencia. Una conversación así nos ayuda a entender más, refuerza nuestro vigor y renueva nuestra determinación. La información que recibimos revitaliza nuestro espíritu de manera que no solo nos *permite* seguir adelante, sino que nos motiva, anima e *inspira* a continuar.

A veces, solo un mensaje de Dios puede hacerlo. Por eso nos servirá recordar lo que he dicho antes: Dios se comunica con nosotros no solo con palabras, sino a través de todos los fenómenos del mundo físico. He mencionado una estrella fugaz perfectamente sincronizada y un sorprendente impulso de "pisar el freno", y esto también puede ocurrir cuando no estás en el coche, a veces ocurre en tu mente. El mensaje de

Dios también puede aparecer en un libro concreto, con un título que ni siquiera habías pensado leer hace un par de meses o de años.

Así que estate abierto a estos mensajes de Dios, aunque no creas en Dios, o aunque pienses que existe pero nunca se comunicaría directamente contigo.

VISIONES, PERSPECTIVAS Y HORIZONTES

Nuestro mañana cambia cuando cambia nuestra energía. ¿Recuerdas cuando dije que la energía lo crea todo?

Vale, vale, quizá no dije esas palabras exactas, pero debería haberlo hecho. Dije que todo lo que existe es alguna forma de energía, y ahora digo que, como eso es cierto, la energía crea todo lo que ocurre.

La energía afecta a la energía. Esto se puede demostrar vertiendo agua hirviendo sobre agua helada, o diciéndole algo a tu compañero de vida en un tono especialmente cariñoso. Por lo tanto, la energía produce un cambio de energía en otras cosas.

Cambio es otra palabra para *creación*. Cuando una cosa cambia, ya no es lo que era antes. Por lo tanto, ha sido recreada.

Ahora bien, lo que llamamos "pensamiento" también es energía. Se puede medir. A menudo se puede *sentir*. Puedes sentir tus propios pensamientos, e incluso los pensamientos de otros sobre ti, aunque no digan nada en voz alta sobre lo que piensan de ti. Del mismo modo, a menudo los demás pueden sentir *tus* pensamientos sobre ti, aunque no digas nada en voz alta sobre lo que piensas de ti mismo.

Así que sabemos que los pensamientos son creativos. Son productivos. Pueden generar resultados.

Ahora bien, si piensas que Dios existe y que puede comunicarse y se comunica directamente con los seres humanos, *incluido tú*, es probable que te encuentres hablando con Dios a lo largo de tus días y de tus noches, especialmente en los momentos importantes de tu viaje. Y sí, muy a menudo puedes oír a Dios hablándote.

El problema es que en nuestra cultura no existe la creencia universal de que algo así pueda suceder, por lo que no contamos con un apoyo generalizado para aceptar nuestra experiencia. Muchas personas consideran que lo que oyen es un producto de su imaginación, que son fantasías o incluso autoengaño.

Sin embargo, si rechazamos el escepticismo general de nuestra sociedad o la respuesta de duda ante la idea de que Dios nos habla —y me refiero directa y personalmente, *a nosotros individualmente*—, sin duda ensancharemos nuestros horizontes, ampliaremos nuestras perspectivas y expandiremos nuestra visión de la existencia al escuchar lo que Dios tiene que decirnos de millones de maneras distintas, en miles de momentos distintos, a lo largo de cientos de vidas.

Las personas que oyen los mensajes de Dios y *actúan a partir de ellos* amplían no solo sus perspectivas, sino sus *expectativas de futuro*. Es decir, es muy probable que las posibilidades de que su futuro esté lleno de verdadera alegría, felicidad personal, logros individuales, valiosas contribuciones al bien ajeno y verdadera paz interior aumenten de forma espectacular.

Y *esta* es la razón por la que hablar con Dios.

HEMOS DE TENER ESTO CLARO

Cuando hablamos de hablar con Dios y de oír los mensajes de Dios, es de *vital importancia* que entendamos plena y profundamente *la verdadera naturaleza de Dios*. Debemos tener absolutamente claro cuáles son los únicos mensajes plausibles, válidos, auténticos, precisos y creíbles que la Divinidad nos enviaría. Seguirán estas reglas:

1. Los mensajes de Dios siempre responden a lo que es mejor para ti.
2. Los mensajes de Dios son portadores de energía positiva y amorosa.
3. Dios *jamás* enviaría un mensaje a nadie dándole instrucciones para dañar o herir a otro.

Por desgracia, alguna gente a veces ha sufrido delirios, y luego ha dañado o incluso matado a otros diciendo que Dios se lo había ordenado. En una escala más amplia, en nuestra Tierra se han librado más guerras en nombre de Dios, y bajo el estandarte de la religión, que por cualquier otra razón.

¿Cómo es posible que los seres humanos hagan estas cosas? Muchos de nosotros hemos reflexionado frecuentemente sobre

esto. E incluso la Biblia dice que Dios ha llamado a algunos humanos a matar a otros humanos. Si lees ese libro con una calculadora en la mano y sumas las muertes, encontrarás relatos de Dios ordenando matar a *millones* de personas por distintas razones.

¿Puede esto ser cierto? No.

Es cierto que tales directivas parecen estar escritas en la Biblia, pero *no* es cierto que Dios diera esas instrucciones. Creo que, por desgracia, los autores de esos pasajes estaban engañados.

¿Cómo podemos reconocer un verdadero mensaje de Dios? Además de someterlo a las tres pruebas anteriores, creo que, si entras en interacción directa con lo Divino, descubrirás lo que es verdad y lo que no lo es. Un día, toda la humanidad llegará a comprender —de forma plena, completa y precisa— la verdadera naturaleza de la Divinidad, y por qué nunca podría ser cierto que Dios haya ordenado a nadie que acabe con la vida de otro.

EL MENSAJE DE DIOS AL MUNDO

Las enormes luces del estudio de televisión estaban encendidas, los micrófonos captaban cada palabra y las cámaras estaban en marcha.

—De acuerdo, afirmas que has hablado directamente con Dios, de modo que dinos… ¿Cuál es el mensaje de Dios para el mundo?

El locutor era un famoso presentador de uno de los matinales televisivos más populares de Estados Unidos. Me pedía que respondiera a la pregunta más importante de todos los tiempos:

—¿Puedes resumirla en una o dos frases? —añadió—. Tenemos unos treinta segundos.

Mi mente se aceleró. ¿Cómo podría decir en treinta segundos algo que captara la esencia de lo que Dios quiere que el mundo sepa?

Entonces, en un instante, oí la respuesta de Dios en mi cabeza. Parpadeé e hice un anuncio que me sorprendió incluso a mí mismo.

—En realidad, puedo expresarlo en cuatro palabras.

El presentador levantó las cejas, telegrafiando un nanosegundo de incredulidad mientras hablaba a la cámara:

—De acuerdo, señoras y señores, de un hombre que dice estar en comunión con lo Divino, he aquí el mensaje de Dios al mundo... en cinco palabras.

Sabía que millones de personas me estaban viendo en hogares de todo el mundo. Esta era mi oportunidad de llevar el mensaje más importante de Dios a más gente de la que jamás había imaginado. Mirando fijamente al objetivo, repetí las palabras que me acababan de dar para compartir...

—*Me habéis entendido mal.*

Más tarde escribí un libro titulado *El mensaje de Dios al mundo [God's message to the World]*. Esas cuatro palabras son el subtítulo. Te podría parecer interesante leer ese texto.

LA VERDADERA NATURALEZA DE DIOS

Si pensamos que Dios es vengativo, si creemos que Dios *quiere* que se mate a gente por razones justificadas, si creemos que Dios nos juzga, condena y castiga por no hacer lo que quiere, crearemos un mundo en el que seremos vengativos, en el que *nosotros mismos* permitiremos que se mate a la gente por razones que justificamos. Juzgaremos, condenaremos y castigaremos a los demás por no hacer lo que nosotros queremos.

Este es, por supuesto, exactamente el tipo de mundo en el que vivimos.

Y sí, muchos nos hemos preguntado: "¿Cómo pueden los seres humanos hacer esas cosas?". No nos hemos dado cuenta en absoluto de que nuestra forma de tratar a los demás se basa en nuestra creencia colectiva sobre cómo se comporta Dios con nosotros, una creencia basada en escritos de hace miles de años que afirman revelar lo que Dios ha dicho a los seres humanos que han hablado con él.

¿No sería prudente que mantuviéramos nuestras *propias* conversaciones con Dios y averiguáramos si algo de esos antiguos mensajes se ha perdido en la traducción o se ha malinterpretado desde el principio?

¿Has jugado alguna vez a uno de esos juegos de salón en los que una persona susurra algo al oído de otra, que a su vez lo susurra al oído de una tercera, y así sigue la ronda hasta que el mensaje ha recorrido todo el círculo y se descubre que lo que ha oído la última persona es una versión inexacta de lo que dijo la primera?

Multiplica este efecto por miles de años y millones de oídos, y podrás imaginar por qué sería una buena idea que tú mismo hablaras con Dios.

La última vez que lo hice, menos de veintiséis meses antes de escribir este libro, recibí un mensaje al que llamé "la solución de Dios". Me dijeron que la humanidad podría eliminar, y eliminaría, un gran número de problemas de nuestro mundo si simplemente adoptáramos una nueva definición de Dios.

A Dios, me dijeron, se Le define mejor con dos palabras: *puro amor.*

Ahora bien, cuando comparto esta idea con un grupo, es inevitable que alguna persona bienintencionada levante la mano y diga:

—Oh, Neale, Neale, Neale... ¿Hemos estado escuchándote durante veinte minutos para que nos digas que la gran y novedosa revelación es que *Dios es amor?* ¡Todo el mundo lo sabe! Todas las religiones lo enseñan. Nuestras religiones pueden diferir en dogmas y doctrinas, ¡pero ninguna niega que Dios es amor!

En ese momento, me descubro levantando suavemente la mano y diciendo:

—Un momento. No he dicho "Dios es amor". He dicho que Dios es *puro amor.*

—Vale —responde mi amigo del público—. ¿Cuál es la diferencia?

—La diferencia —le digo— es que el amor puro no necesita, no espera, no exige nada a cambio.

Ahora bien, si aceptamos esto como nuestra nueva definición de Dios —y sobre todo si lo compartimos con los demás, algo de lo que hablaremos más adelante en este libro—, pronto nos daremos cuenta de que es enormemente diferente de la mayoría de las enseñanzas ortodoxas sobre un poder superior. Es una divergencia tan enorme que plantea la pregunta: *¿Puede nuestra especie atreverse a creerlo?* Esto supondría nada menos que una revolución teológica global.

La mayoría de las religiones del mundo dirían que es una blasfemia afirmar que Dios no necesita nada, no exige nada y, por tanto, nunca juzga, condena ni castiga, porque enseñan exactamente lo contrario.

Pero considera esto. Una nueva definición invertiría nuestra comprensión fundamental de Dios. Establecería una nueva norma ante el mundo, una nueva ética, un nuevo fundamento moral que sustentaría nuestras elecciones y decisiones individuales y colectivas. Ya no podríamos racionalizar o justificar internamente un trato poco amable hacia los demás basándonos en la afirmación de que así es como nos trata Dios.

A menudo he observado con desesperación que muchos de nosotros no podemos interactuar con la persona que está en la almohada de al lado con *puro amor*. ¿Cuántos de nosotros podemos jurar que, cuando decimos "te quiero" a un compañero o compañera de vida, queremos decir "no necesito, ni espero, ni exijo nada a cambio"? Y, desde luego, no podemos imaginar a un Dios que interactúe con nosotros de esta manera.

LA MEJOR RAZÓN DE TODAS

Así que vemos que hay al menos tres razones para hablar con Dios:

1. Ampliar nuestros horizontes y mejorar nuestra perspectiva.
2. Tener muy clara la *verdadera naturaleza* de la Divinidad.
3. Llevar el *amor puro* a nuestras relaciones más íntimas.

Y espera. Se me ocurre otra razón, quizá la mejor de todas, a nivel personal.

4. Acabar con nuestra soledad.

Aún no he conocido a una persona que no se haya sentido, al menos una vez en su vida, desolada y sola, incluso con gente a su alrededor. A veces, *de manera especial* cuando hay gente a su alrededor.

Todos anhelamos tener a alguien con quien hablar de las cosas más importantes. De nuestros mayores miedos. De nuestros anhelos más profundos. De nuestros peores errores. De nuestros mayores remordimientos. De nuestros sueños más egoístas. De nuestras esperanzas más elevadas.

Todos anhelamos a alguien que escuche nuestras confesiones más angustiosas, que responda a las preguntas más desconcertantes de la vida y que nos ayude a curar nuestras heridas más dolorosas. Necesitamos a alguien que nos ofrezca una compañía que nos llene el corazón, nos reconforte la mente y nos abra el alma en este largo y solitario viaje por la vida.

Durante esas comprensiones que se producen en medio de la noche, descubrimos nuestra cuarta y mejor respuesta a la pregunta: *¿Por qué hablar con Dios?* Y, curiosamente, poner fin a la soledad es lo que muchos de nosotros hacemos al hablar con Dios, lo llamemos "conversaciones con Dios" o no.

Entonces, solo nos queda una pregunta.

¿Te escucha Dios?

Dios nunca deja de escucharte. Y hay una muy buena explicación de por qué esto es verdad.

Dios te está escuchando *todo* el tiempo porque nunca está separado de ti.

Permíteme que te lo diga en cinco palabras: Tú y Dios sois uno.

Todas las cosas son *una sola cosa.* Solo hay una cosa, y todas las cosas forman parte de la única cosa *que es.* No hay separación entre Dios y tú.

Ahora bien, esto también se desvía de la doctrina de la mayoría de las principales religiones. La mayor parte de las tradiciones religiosas de la humanidad calificarían de herejía absoluta la afirmación de que Dios y tú sois uno.

Dios, según declaran estas religiones, nos *creó*, pero no es *lo mismo* que nosotros. En este punto estoy de acuerdo. Sin embargo, afirmar que Dios y tú sois uno no significa que Dios y tú seáis lo mismo.

Tu relación con Dios es similar a la relación de la ola con el océano. La ola no es *otra* cosa que el océano, ni está *separa-*

da del océano; sin embargo, es evidente que no es *idéntica* al océano.

La ola es algo que surge del océano —una manifestación oceánica individual, si se quiere— y cuando su expresión se completa, retrocede de nuevo al océano de donde vino.

El océano nunca deja de estar *dentro* de la ola. Sin embargo, el océano es una cosa y la ola es otra, aunque ambos sean agua. En otras palabras, se manifiestan como una sustancia compartida, pero en proporciones muy diferentes.

Del mismo modo, tú surges *de* lo Divino, y te expresas *como* lo Divino en forma individualizada, luego vuelves *a* lo Divino, de donde viniste, para resurgir y expresarte de nuevo otro día de otra manera.

Tú no eres la suma total de lo Divino. La suma total de lo Divino es una cosa, y tú eres otra. Sin embargo, estás hecho de lo mismo.

Dios llama a esta cosa *puro amor*.

LA ESCUCHA DE DIOS ESTÁ INCORPORADA

La razón por la que Dios te escucha no es por el anhelo que has sentido ni por la compasión que Dios siente por ti ante una situación difícil. Dios te escucha por la misma razón por la que estás escuchando los sonidos que te rodean mientras lees este libro.

A menos que estés entrando en meditación, no sueles sentarte en una habitación y te dices a ti mismo: "Creo que voy a escuchar los sonidos que me rodean". Los sonidos están a tu alrededor, y tu escucha es algo *dado* debido a donde estás. También es un hecho que Dios te escucha por el lugar donde Él *está*. Así que nunca tienes que preguntarte: "¿Está Dios escuchándome?".

Dios escucha, recibe y comprende inmediatamente cada pensamiento, emoción, pregunta, súplica o proyección energética que expreses. ¿Cómo puede ser de otra manera? Él está ahí dentro de ti, en la "habitación de tu vida": es la base y la parte más profunda de quien tú eres.

En este sentido, la escucha de Dios está *incorporada* al ser sensible que llamas "tú" y al proceso que llamas "vida". Dios también te escucha porque *quiere* escucharte. Por eso, desde el principio, la presencia de la esencia de Dios se creó como un aspecto "incorporado" de la vida.

No hay nada de lo que existe que no contenga esta propiedad esencial. Es la energía originaria, la fuente primordial. Y la mayor alegría de la Divinidad es proporcionar guía amorosa, visión profunda, conciencia expandida y acceso a todo el conocimiento y la sabiduría que nos permite abrazar y experimentar nuestra *verdadera identidad*.

Así como una flor se vuelve hacia el sol para recibir su alimento, así se nos invita a volvernos hacia Dios para recibir el nuestro.

Las formas en que Dios te habla

He mencionado aquí que, cuando Dios habla con los humanos, no solo usa palabras —en realidad, habla menos a menudo con palabras— sino todas las herramientas de la vida en el mundo físico. Los mensajes de Dios incluyen lo que solemos llamar "señales", y también sentimientos, pensamientos, impulsos, inspiraciones, percepciones, sonidos, visiones... y casi cualquier otro medio o enfoque que puedas imaginar.

Y hablando de lo que puedas imaginar, en mi propia conversación con Dios, pregunté muy directamente: "¿Cómo sé que esto es realmente una comunicación con Dios y no solo mi imaginación?".

Recuerdo la energía de la respuesta que recibí inmediatamente. Noté la sensación de una risita suave, y luego oí las palabras:

"*¿Cuál sería la diferencia? ¿No crees que utilizaría todos los medios a mi alcance, incluida tu imaginación, para llegar a ti? ¿De dónde crees que* *salió la música de Mozart? ¿De dónde crees que proceden las imágenes que Miguel Ángel pintó en el techo de la Capilla Sixtina?"*.

Me ha quedado muy claro el hecho de que haber imaginado algo no significa que no sea real. Simplemente significa que recibiste una imagen de algo que posiblemente no haya sido pensado por muchos otros antes. Puede ser algo muy real, y a menudo lo es.

El diccionario define "imaginación" como "la facultad o acción de formar nuevas ideas, imágenes o conceptos de objetos externos no presentes a los sentidos".

La segunda definición bajo ese mismo epígrafe nos dice que la "imaginación" es "la capacidad de la mente para ser creativa e ingeniosa".

En este caso, el objeto externo que no está presente a nuestros sentidos es lo que hemos llamado "Dios", y la nueva idea que nos estamos formando es la idea de que no solo podemos hablar con Dios, sino que Dios puede hablar y habla con nosotros. Si esto no es un ejemplo de "la capacidad de la mente para ser creativa e ingeniosa", entonces no sé qué lo es.

Así que vemos que, si una persona ha experimentado la capacidad de formar nuevas ideas, imágenes o conceptos acerca de Dios, esto no indica automáticamente que su nueva idea, imagen o concepto sea engañoso. Son muchas las "ideas nuevas" que en un principio parecían inviables, pero han resultado ser simplemente un anuncio anticipado de hechos reales, sorprendentemente adelantado a su tiempo.

¿Puedo darte un ejemplo?

La Iglesia católica tardó siglos en admitir que Galileo Galilei tenía razón cuando declaró, en el año 1615, que nuestro planeta no es el centro del universo. El Sol no gira alrededor de la Tierra, como la iglesia enseñaba, sino que es al revés: la Tierra gira alrededor del Sol.

En ese momento, su afirmación fue considerada no solo inverosímil, sino blasfema. A más de uno le dio vueltas la cabeza con el anuncio de Galileo. Los funcionarios de la Iglesia católica no solo estaban sorprendidos, estaban molestos y ofendidos. Declararon que su anuncio violaba las enseñanzas de la Iglesia, y fue excomulgado y avergonzado públicamente. Por supuesto, más tarde se demostró que Galileo tenía razón. La Iglesia católica, como institución, se disculpó formalmente en 1992.

Has leído bien. No he dicho 1692, sino 1992.

Este tipo de arrepentimiento tardío aparece con frecuencia cuando la humanidad por fin recapacita sobre un tema en particular, o podríamos decir, cuando la humanidad recupera el *sentido.*

Volviendo a nuestro diccionario, vemos que la *sensibilidad* se define como "la capacidad de percibir o sentir cosas". Galileo percibió la verdad sobre el lugar de la Tierra en relación con el cosmos. Actualmente muchas personas perciben la verdad del lugar de la humanidad con relación a Dios.

Cuando sientas que Dios está hablando contigo, no te preocupes de si podría ser tu imaginación. *Podría* serlo. Pero eso no significa que estés delirando. Puede que simplemente estés demostrando "la facultad o acción de formar nuevas ideas, imágenes o conceptos" sobre Dios.

Quizá haya llegado la hora de que todos hagamos exactamente eso.

POR QUÉ DIOS HABLA MENOS A MENUDO CON PALABRAS

Puesto que estamos explorando la idea de que Dios se comunica con nosotros y las formas en que lo hace, es posible que hayas captado algo que ya he dicho tres veces, y que sientas curiosidad al respecto.

Me refiero a mi afirmación de que Dios habla con los humanos no solo con palabras; en realidad, dije que Dios habla *menos a menudo* con palabras, y en cambio utiliza todas las herramientas de la vida en el mundo físico.

"¿Por qué Dios se comunica menos a menudo con palabras?", podrías preguntarte. "¿No sería más fácil para Dios transmitirnos un mensaje importante con palabras, en lugar de usar un impulso o una señal? ¿Por qué elegiría Dios comunicarse a través de un sentimiento, un pensamiento o una experiencia, todo lo cual debemos interpretarlo? ¿No serían las palabras una forma de comunicación más fiable? Buenas preguntas. Ojalá se me hubieran ocurrido a mí.

Resulta que, en contra de lo que podría creerse, las palabras son la forma *menos* fiable de comunicación, ya que se prestan a interpretaciones y a menudo se malinterpretan. ¿Por qué? Bueno, permíteme compartir un poco de información directa de mi propia conversación con Dios.

Se me dijo que esto se debe a lo que las palabras *son*. Las palabras no son más que expresiones: *ruidos* que *representan* sentimientos, pensamientos y experiencias. Son símbolos. Signos. Insignias. No son la verdad. No son lo real.

Las palabras pueden ayudarnos a entender algo, pero la experiencia nos permite saber. Hay cosas que no podemos experimentar directamente, por eso se nos han dado otras herramientas de conocimiento: nuestros pensamientos y sentimientos.

Ahora bien, la paradoja suprema aquí contenida es que la mayoría de los seres humanos han dado mucha importancia a la *palabra de Dios* y muy poca a la *experiencia* de Dios.

NO TE PIERDAS NI UN MENSAJE

En mi propia vida, he llegado a un punto en el que tomo nota de casi *todo*. Esto abarca, por supuesto, mis sentimientos. También los pensamientos aleatorios, las ideas fugaces, e incluso las fragancias y sonidos de los que me doy cuenta de repente. Y también incluye, de manera especial, mi *experiencia* en el momento.

Si no hubiera escuchado mi experiencia interna, nunca habría puesto el pie en el pedal del freno justo en el momento en que estaba a punto de atravesar el cruce del que te hablé. Habría ignorado lo que estaba experimentando internamente en esa señal de stop y habría seguido conduciendo hacia un desastre seguro.

Si no hubiera prestado atención a lo que sentía en mi corazón cuando vi aquella estrella fugaz en el preciso momento que he descrito antes, habría ignorado la intuición que me hizo enviar las notas de mis conversaciones con Dios a una editorial, y esa decisión dio lugar a un libro que acabaron leyendo millones de personas en treinta y siete idiomas. Ese libro ayudó a muchas personas a recrear sus vidas de una manera positiva y poderosa.

Si no hubiera respondido a la suave insistencia interna de preguntarle a mi anfitriona si el suflé que había preparado contenía marisco, quizá no estaría aquí para poder contároslo.

Por cierto, esto no es una exageración. Ya he vivido un *shock* anafiláctico. Puede ocurrir minutos después de la exposición a un alérgeno. Cuando sucede, la presión arterial cae repentinamente, y entonces la sangre tiene problemas para circular. La garganta se hincha, las vías respiratorias se estrechan y la respiración se vuelve dificultosa o incluso imposible. En casos graves, la anafilaxia no tratada puede provocar la muerte en media hora. Afortunadamente, cuando experimenté esto, me llevaron rápidamente a un hospital que estaba, tal como la vida lo había dispuesto, a solo unas manzanas de distancia. Los médicos me pusieron inmediatamente una inyección de adrenalina, y cuando pude volver a respirar con normalidad, oí a uno de ellos decir: "Es la última vez que comes marisco, ¿verdad?".

De modo que sí, ya lo creo, tomo nota de mis sentimientos, pensamientos, impulsos, corazonadas, y de las cien maneras diferentes que sé que Dios usará para llamar mi atención. Quiero decir que Ella no se detendrá ante nada. El argumento de venta concentrado en diez sílabas que aparece en una valla publicitaria a la vuelta de la próxima curva de la autopista..., la frase casual de un extraño que escucho en la cafetería..., la próxima canción que suena en la radio..., la fragancia del perfume de alguien en unos grandes almacenes que me recuerda a algo —o a alguien— que no debería olvidar... Todos estos son los dispositivos de Dios. Y tiene más.

¿De qué maneras nos habla Dios? Mmmm... Pienso en Elizabeth Barrett Browning, que podría haber estado hablando en el nombre de Dios cuando escribió el Soneto 43 de su colección de poemas publicados en 1850: "¿Cómo te amo? Déjame contar las formas".

Las innumerables formas que tiene Dios de hablar con nosotros son también las formas que tiene de amarnos. Así que mira a tu alrededor cada día y presta atención a todo lo que se cruce en tu camino. Escucha los susurros que te llegan al oído. Lee las palabras que "casualmente" aparecen ante tus ojos. Usa el discernimiento para ver las "señales" que se te muestran de múltiples maneras.

Abraza cada energía positiva que sientas. Honra cada pensamiento positivo que surja en ti, y actúa según cada impulso positivo que te llame.

Actúa sabiamente, no alocadamente, sí..., pero no ignores esos mensajes. No los dejes de lado ni permitas que queden olvidados en las estanterías de tu vida. Y no dejes que pasen desapercibidos porque tengas miedo de no tener éxito en algo que Dios te inspire, o porque un mensaje de Dios te parezca "demasiado bueno para ser verdad".

Una vez le conté esto a Dios en uno de mis intercambios casuales con Él.

Le dije:

—A veces resulta difícil creer algunas de las cosas que me dices, porque son casi demasiado buenas para ser verdad.

¿Y sabes lo que Ella me respondió?

—Bueno, si *Dios* no puede ser demasiado bueno para ser verdad, *¿quién puede?*

Así que, si has sentido a Dios diciéndote lo maravilloso que eres, lo poderoso que eres..., lo cariñoso, sensible y considerado que eres, lo talentoso que eres, y el regalo que eres para los demás... Si Dios ha descrito las alegrías que te traerán tus mañanas cuando compartas con el mundo tus inspiraciones, tus energías personales, y tus creaciones individuales..., no hagas lo que yo he hecho en el pasado. No descartes los mensajes de Dios porque suenan *demasiado buenos para ser verdad.*

Son verdaderos. Y cuando aprendí esto, cuando acepté y abracé estos mensajes de Dios para mí, mi vida cambió por completo. Me gustaría contarte más sobre esto para que puedas ver cómo los mensajes más alentadores y esperanzadores de Dios para *ti,* y sobre *ti*, también pueden cambiar tu vida.

Si hay una parte de ti que todavía no está segura de que Dios habla contigo directamente, me gustaría que también escucharas las historias personales de otras personas que han compartido *sus* experiencias al hablar con Dios.

Así que pasemos a la segunda parte de este libro que se ha abierto camino hasta tus ojos. Compartiré historias que creo que te resultarán interesantes. Veamos si estás de acuerdo.

SEGUNDA PARTE

Experiencias de las conexiones de la humanidad con un Poder Superior

Los mejores bailarines conocen
la gracia que cada tropiezo contiene

—Em Claire

Mejor que las lilas

La primavera suele ser una época feliz para mí. Siempre lo había sido durante mi infancia, en los años 50, en el Medio Oeste de Estados Unidos. Los fríos inviernos de Milwaukee por fin empezaban a dar paso a un rastro de bienvenido calor a finales de marzo. En abril, el frío que parecía no tener fin se había convertido un año más en algo del pasado.

En Wisconsin es cierto que "los chaparrones de abril traen las flores de mayo".

Recuerdo que me llenaba de alegría cuando el arbusto de lilas de nuestro jardín empezaba a florecer. Me embriagaba su fragancia; metía la nariz en el arbusto e inhalaba profundamente su dulce aroma.

No me costó adquirir el hábito de esperar sentirme animado cada año en las semanas previas al verano. Observé que otras personas, en todo el mundo, experimentaban el mismo cambio energético. No podía haber nada más natural, ya que la temperatura media aumentaba, el sol era visible por más tiempo y las flores favoritas de todos cobraban vida. La primavera parecía significar que los nuevos comienzos impregnaban el aire para casi todo el mundo.

Pero, en la primavera de 1992, yo ya no era un niño de corazón alegre. Todos pasamos por períodos sombríos en la vida —durante días, semanas, meses o años— y mi bajón no fue más importante que el de cualquier otra persona. Pero fue grave. A los cuarenta y nueve años me describiría como una persona completamente infeliz personal, profesional y emocionalmente. Y durante lo que esperaba que fuera un tiempo renovador y refrescante del año, sentía que mi vida era un fracaso a todos los niveles, y eso me enfadaba. Mi padre me había enseñado a manejar los enfados. Me dijo que, siempre que tuviera una disputa con alguien importante en mi vida, debía resistirme a la tentación de entrar en un intercambio verbal con esa persona sobre lo que me enfadaba. En lugar de eso, debía escribirlo todo en una carta y dejarla a un lado durante veinticuatro horas. Tras leerla un día después, si me seguía pareciendo una buena idea exponer mis sentimientos con las palabras que había utilizado, debía poner la carta en manos de esa persona. Papá sabía que rara vez, casi nunca, decidiría decir todo lo que había puesto en la carta, y que nunca la enviaría.

Te cuento todo esto porque, durante la primavera del 92 tuve una disputa con una figura muy importante de mi vida. Así que cogí un bloc de notas a las 4:23 de la mañana, después de una noche agitada, y empecé a verter mis sentimientos en una carta muy enfadada que dirigí a Dios. Era una carta rencorosa, apasionada, llena de confusión y preguntas airadas.

¿Por qué no funcionaba mi vida? ¿Qué hacía falta para *conseguir* que funcionara? ¿Por qué no encontraba felicidad en mis relaciones? ¿Iba a eludirme para siempre la experiencia de ganar una cantidad de dinero adecuada? Por último, y de manera más enfática: *¿Qué había hecho para merecer una vida de lucha continua?*

Recuerdo que pensé: "¡Dime las reglas! Jugaré... Lo prometo, jugaré..., pero tienes que darme las reglas. Y después de dármelas, no las cambies. ¡Porque por aquí las reglas parecen estar cambiando cada dos días!". Para mi sorpresa, mientras escribía la última de mis amargas e incontestables preguntas y me preparaba para dejar el bolígrafo a un lado, mi mano permaneció sobre el papel, como sostenida allí por una fuerza invisible. De repente, el bolígrafo empezó a moverse *por sí solo*. No tenía ni idea de lo que iba a escribir, pero parecía que se me estaba ocurriendo una idea, así que decidí fluir con ella. Lo que salió fue:

¿Realmente quieres una respuesta
a todas estas preguntas, o solo estás
desahogándote?

En un primer momento, sentí como si realmente hubiera oído la pregunta, como si hubiera alguien más en la habitación. Miré rápidamente por encima del hombro derecho y, por supuesto, no había nadie. Así que me quedé sentado un momento, observando las palabras que acababa de escribir.

Ahora quiero dejar algo claro. Esta no me pareció una experiencia de lo que algunos llaman "escritura automática". Ya sabes..., cuando la gente dice que siente como si otro ser estuviera controlando su mano.

En mi caso, el hecho de que el bolígrafo que había estado sosteniendo comenzara a moverse por sí solo no me pareció extraordinario ni inusual. Me había encontrado con la misma experiencia en más de una ocasión anteriormente en mi vida, sobre todo si me sentía agitado o frustrado y, siguiendo el sabio consejo de mi padre, había decidido "escribir" mi agitación para desahogarme.

En esos momentos, podía quedarme paralizado durante un rato, sabiendo que sin duda quería escribir esa nota a la persona con la que estaba enfadado, pero sin saber exactamente... —quiero decir, palabra por palabra... — lo que quería decir, o la mejor manera de decirlo. En un momento así, a menudo había visto que la escritura empezaba a surgir por sí sola, con algo parecido a: "Jim, creo que tú y yo tenemos que aclarar algo". Entonces, como las palabras iniciales habían aparecido de la nada —en cierto sentido, se habían escrito solas—, terminaba consciente y deliberadamente la composición de la nota. Yo no llamaría a esas primeras palabras "escritura automática".

También ha habido ocasiones en mi vida en las que sabía que le debía una carta a alguien, pero no tenía ni idea de lo que quería expresar. Entonces sacaba un bolígrafo —esto ocurría cuando todavía la mayoría de nosotros escribíamos a mano— y me sentaba un minuto. Entonces veía que el bolígrafo empezaba a moverse por sí solo, produciendo algo como: "Querida mamá... Sé que debería haber escrito antes". De repente, mi mente se ponía en marcha y yo, conscientemente, invocaba pensamientos específicos *porque* la carta *ya había empezado a escribirse sola.*

Siempre he imaginado que este tipo de cosas son experiencias humanas bastante comunes. Sin duda esto explica la despreocupación con la que, en mi primer libro, describí mi primer encuentro con lo que ahora sé que es la fuente de la maravillosa sabiduría y de la claridad absoluta que reside dentro de todos nosotros, y he llegado a entender que dicha fuente es Dios. Ahora también sé que escribir a mano lo que oía en mi cabeza era una respuesta puramente mecánica a mi deseo de recordar con exactitud lo que me venía en esos momentos. Tenía la sensación de que no estaba "escribiendo" algo, sino "tomándolo al dictado", sin más propósito en mente que el de captar lo que se me decía como parte de un inusual intercambio interno.

De lo que no hablé en la narración inicial de mi primer libro es *de dónde* parecía venir la idea. Me había sentido desconcertado por lo que había experimentado. Entonces me limité a escribir que una idea "parecía estar viniendo".

Por supuesto, nunca imaginé que algún día mis primeros garabatos escritos en un bloc de notas serían leídos por millones de personas en un superventas mundial. Sentía que estaba inmerso en un proceso personal y privado, algo que nadie más conocería nunca.

YO DESAFIÉ A DIOS

Entonces, ¿por qué envié mis notas a una editorial? Ah, me han hecho esta pregunta muchas veces. Lo hice porque me lo dijeron en la conversación misma:

Harás de este diálogo un libro, y harás que mis palabras sean accesibles a muchas personas. Es parte de tu trabajo.

Pensé para mí mismo que enviar mi libro a una editorial sería la única manera de confirmar, en el mundo exterior, la veracidad de lo que mi mundo interno me presentaba. Tenía la idea de que era imposible que un editor fuera a hacer que un equipo editara, diseñara, imprimiera y distribuyera un libro en el que una persona totalmente desconocida afirmaba estar teniendo una conversación con Dios. Eso simplemente no iba a suceder.

Así que desafié a Dios a que me demostrara que estaba equivocado.

Y Dios lo hizo.

Hoy en día llamo a este tipo de diálogo "escritura inspirada". Pero no siento que la escritura inspirada y la escritura automática sean lo mismo. No tienen la misma connotación o matiz, tal como yo lo veo.

Bien. Aclarado esto, permitidme ahora volver a la narración de mi experiencia en aquel momento en que escribí: "¿Realmente quieres una respuesta a todas estas preguntas, o solo te estás desahogando?".

Mirando fijamente las palabras en mi bloc de notas amarillo, mi mente soltó una respuesta. También la escribí, garabateando: "¡Las dos cosas! Me estoy desahogando, claro, pero si estas preguntas tienen respuesta, me gustaría oírla".

Al instante, recibí una respuesta. Esta vez, supe con certeza que estaba escuchándola dentro de mi cabeza.

Estás "segurísimo"[tan seguro como del infierno][1]... de muchas cosas.
Pero ¿no sería agradable estar tan seguro como del Cielo?

Ahora me encontraba en una encrucijada entre la irracionalidad, la irritación y la curiosidad. Me descubrí a mí mismo anotando con rabia: "¿Qué se supone que significa eso?".

Sin darme cuenta, me vi envuelto en un diálogo sobre el papel. Se prolongó durante tres años y medio, aunque no tenía ni idea de adónde iba. Las respuestas a las preguntas que ponía sobre el papel no se me ocurrían hasta que la pregunta estaba completamente escrita y yo *había dejado a un lado mis propios pensamientos.*

A menudo las respuestas llegaban más rápido de lo que podía escribirlas, y me encontraba garabateando para poder seguir el ritmo. Cuando me confundía o perdía la sensación de que las palabras venían de otra parte, dejaba el bolígrafo y me alejaba del diálogo hasta que me sentía *inspirado* —lo siento, esta es la

1. La traducción literal del original indica: Estás tan "seguro como del infierno"..., por eso la respuesta propone cambiar el "infierno" por el "cielo". (N. del t.)

única palabra que realmente encaja— para volver al bloc de notas amarillo y empezar a transcribir de nuevo.

Algunas de las palabras anteriores salieron del primero de los nueve libros de *Conversaciones con Dios*, en el que ofrecí mi mejor descripción de cómo sucedió todo esto. De una cosa estoy seguro: no soy la única persona que ha tenido una experiencia así.

A menudo recuerdo con cariño un correo electrónico que recibí poco después de que saliera el primer libro. Decía:

—Hay una mentira en la portada de tu libro.

No podía imaginarme a qué se refería, así que le contesté inmediatamente, preguntándole qué quería decir. Su respuesta fue sucinta.

—Bajo el título dice: "Un diálogo poco común". Pero no tiene nada de poco común. A mí me pasa todo el tiempo.

El lector tenía razón, por supuesto. Le pasa a todo el mundo todo el tiempo, tal como dice el propio diálogo:

Hablo con todo el mundo. Todo el tiempo.
La cuestión no es con quién
hablo, sino quién escucha

Fue el editor quien creó ese subtítulo, y yo no lo vi hasta que el libro ya había salido. Cuando lo vi, no le di importancia. Pero desde entonces, mucha, mucha gente me ha dicho que ellos también han tenido experiencias similares. Y algunos otros han compartido que los libros de *Conversaciones con Dios* les animaron a acercarse a Dios de la misma manera, y con resultados maravillosos.

Tengo claro que no he *causado* que otros dialoguen con Dios, pero les he ayudado a saber que *podían* hacerlo, y me siento humildemente agradecido de haber podido formar parte de este gran proceso. Ahora sé que este fue el propósito de que mis notas fueran aceptadas originalmente para su publicación.

Esto ha sido mejor que todas las lilas de todas las primaveras de mi vida. Ahora me siento *agradecido* por los acontecimientos y circunstancias que hicieron que la primavera de 1992 pareciera, en aquel momento, no tan dulce. Y es la gratitud por *todos* los momentos de mi vida lo que ha puesto brío a mi paso durante casi treinta años.

Neale Donald Walsch

LA ÚLTIMA LLAMADA DE DIOS

"Gira a la derecha. Gira a la derecha. Gira a la derecha... ¡Ahora mismo!".

Era el final de la primavera, y estábamos conduciendo por la autopista para ir a visitar a un amigo en la costa norte de Oahu, en las Islas Hawái. Tim iba al volante y yo iba de copiloto cuando una inesperada oleada de energía surgió de mis entrañas, llenó mis pulmones y fluyó hacia mi garganta. Las palabras salieron de mi boca con tanta fuerza que mi amigo detuvo inmediatamente el coche.

Aunque no podía sentir lo que yo sentía, Tim era un hermano espiritual y me conocía lo suficiente como para saber que, si recibía un mensaje místico, era mejor prestar atención.

Este desvío totalmente imprevisto nos llevó a un aparcamiento junto al mar. Entre nosotros y la playa había un pequeño parche de hierba verde que parecía un pequeño cementerio. Perpendicular a nosotros, a unas dos manzanas de distancia, se alzaba un grandioso templo blanco de la Iglesia de Jesucristo de los Santos de los Últimos Días.

Con la potente energía aún quemándome las tripas, salí del coche y escaneé el perímetro, tratando de averiguar qué era lo que nos podría haber llamado a este lugar. Por suerte, Tim confiaba en mí lo suficiente como para seguirme.

Mientras atravesábamos la hierba verde del parque junto al mar, me sentí atraída por una pequeña puerta que daba a la playa situada debajo. Bajé las escaleras, guiada por una atracción casi magnética. Dejé que mi cuerpo me empujara hacia la derecha. Tim me siguió en silencio unos pasos más atrás.

Fue entonces cuando sentí —y un segundo después, vi— una luz brillante ligeramente por encima del horizonte. No era el sol; era mediodía, y el sol estaba directamente sobre nuestras cabezas. Este potente rayo parecía pulsar, emitiendo una energía tan intensa como la del sol.

La fuerza de la luz era irresistible y abrumadora. Me sentí fuertemente atraída hacia ella, aunque me dolía mirarla. Flotando justo sobre el mar, su brillante belleza me atraía y, al mismo tiempo, su dolorosa intensidad me repelía. ¡No podía apartar la vista de esta extraordinaria fuente de energía!

Hipnotizada, seguí avanzando por la playa a un ritmo lento pero constante hasta que mi cuerpo se rindió. No podía soportar la enormidad de la energía. Las piernas se me doblaron y caí de rodillas en la arena. Tim se acercó corriendo y colocó su cuerpo como un refugio en el que apoyarme.

Apoyada en los brazos de Tim, tuve la seguridad necesaria para absorber completamente esta experiencia. Mi cuerpo temblaba mientras las lágrimas me resbalaban por la cara. La luz había provocado en mí una euforia sin precedentes. Mientras mi cuerpo convulsionaba entre sollozos, no podía apartar los ojos del rayo cegador.

Cada célula de mi cuerpo estaba encendida por la energía. Sentía que algo en esa luz era mi *hogar*. Sentía que podía ser absorbida por aquel resplandor; de hecho, deseaba desesperadamente ser engullida por la energía. No quería que aquel momento terminara.

Mientras luchaba por mantener los ojos abiertos a la belleza y el éxtasis que tenía ante mí, oí una voz profunda, grave y clara, que me transmitió un poderoso mensaje: *¡Vas a querer estar sobria para esto!*

Esta voz atronadora me sorprendió por su claridad y autoridad. Asentí con la cabeza para reconocer que había oído y entendido. La voz no dijo nada más y, unos instantes después, la luz se desvaneció. Mi cuerpo volvió a la realidad como si, en una lucha de tira y afloja, el equipo contrario hubiera soltado su extremo de la cuerda. Me recosté aún más contra Tim, presa de una tristeza inexplicable porque la experiencia había terminado.

Tim y yo descansamos en la arena, simplemente inhalando y exhalando juntos mientras él esperaba a que yo hablara. ¿Cómo podía explicarle lo que acababa de ocurrir? ¿Cómo podría ayudar a mi amigo a entender que había sido transportada desde este plano terrenal a lo que parecía otra dimensión... y que Dios me había servido un plato de éxtasis envuelto en la luz blanca más hermosa que había visto en mi vida?

¿Cómo podía dar sentido a —y aún menos compartir— la incomparable euforia que había sentido, y la relevancia de la directriz que Dios me había dado en una voz retumbante y desconocida?

Por suerte, no tuve que decir ni una palabra. Tim me dejó disfrutar de lo que quedaba del resplandor. Él sabía que yo había experimentado algo que cambiaría mi vida y que a mi yo mortal le llevaría tiempo procesarlo. Me ayudó a ponerme de pie y me prestó apoyo mientras regresábamos al coche. Me sentía cansada y llena de energía. Quizá así se sintió Moisés después de experimentar la presencia de Dios en la zarza ardiente.

La intensidad disminuyó, pero el mensaje permanece siempre conmigo.

Vas a querer estar sobria para esto.

De acuerdo.

Sea lo que sea 'esto' —me dije a mí misma—, *voy a hacer todo lo posible para estar completamente sobria.*

Aunque había abusado ocasionalmente del alcohol en mis días de juventud, nunca tuve un problema serio con la bebida. Como muchas personas que crecen en familias católicas irlandesas, tenía una relación de amor-odio con el alcohol. Me encantaba en celebraciones como bodas y cumpleaños. Odiaba que la gente a la que quiero bebiera demasiado, porque les hacía desaparecer del momento presente y, por tanto, de sí mismos... y de mí.

Pero si el alcohol era un obstáculo para el camino espiritual que había elegido de estar presente al cien por cien en toda la amplitud y profundidad del despertar, di la bienvenida a esta guía divina que me decía que afrontara el futuro totalmente sobria. Había sido testigo de demasiadas personas que caminaban sonámbulas por la vida, y yo no quería ser una de ellas.

Con el trabajo interno que había hecho a lo largo de los años, este mensaje Divino me pareció claro y personal. Por eso, cuando me llegó, asentí con la cabeza para indicar que lo entendía. *Vas a querer estar sobria para esto.*

No se trataba solo del alcohol. Se trataba de todas las formas en las que me había quedado "dormida al volante" de mi vida, eligiendo entumecer el dolor emocional a través del alcohol, la comida, la televisión o las redes sociales. Sabía que este mensaje tenía que ver con la sobriedad emocional, un recordatorio de que estos vicios podían sedar mi dolor temporalmente, pero también me hacían sentir desconectada de Dios, de mi yo superior, de mi esencia más verdadera y de mi hogar.

El poderoso mensaje que recibí en la playa de Hawái nunca me ha abandonado.

Ni tampoco el recuerdo de cómo me fue transmitido.

¿Tendría algún día el valor de hablar de ello? ¿Escribiría algún día sobre lo ocurrido? Tal vez "salir del armario" con respecto a esta experiencia mística es el paso siguiente de mi propio despertar.

Tal vez este mensaje estaba destinado a ser compartido con el mundo.

Emily Hine

UNA BREVE OBSERVACIÓN DE NEALE...

Creo que la presencia de lo Divino es constante y omnipresente, aunque admito que no siempre es evidente. Dios no siempre se muestra de formas con las que nos resultaría difícil estar en desacuerdo. La vida puede sorprendernos. La presencia de la Divinidad puede hacerse aparente en sucesos inesperados, inolvidables y en milagros que nos hacen estar seguros de Su presencia.

Estos momentos pueden convertirse en uno de los mayores "regalos" de la vida, y traer consigo poderosos mensajes que nos tocan para el resto de nuestros días en la Tierra. Este maravilloso relato de Emily nos ofrece un ejemplo perfecto.

Este mensaje es indeleble y, como señala Emily, "no se trata solo del alcohol".

Ella recibió una verdadera llamada a despertar, una llamada que nos invita a todos a alejar las distracciones o atracciones diarias que nos hacen perder nuestra conexión con Dios.

Nunca demos por sentados los momentos gloriosos, ni los nuestros ni los que nos describen los demás, y no dejemos de explorar las profundidades de su significado más amplio.

La tórtola y la mano de Dios

Cuando colgué la llamada de la clínica veterinaria, un fuerte estruendo me sobresaltó y me aceleró el corazón. Un pájaro blanco plateado había chocado violentamente contra mi puerta de cristal y rápidamente había caído muerto. Se produjo un silencio espeluznante.

Las tórtolas se aparean de por vida. En cuestión de segundos, la pareja del primer pájaro apareció y comenzó a caminar alrededor de su cuerpo sin vida que yacía cerca del borde del patio. Una variedad de otras aves se unieron a esa acción, aterrizando en un amplio círculo como si esperaran la confirmación del fallecimiento. Parecía un homenaje de la familia de las aves.

Después de unos minutos, una por una, las demás aves comenzaron a volar, dejando al compañero solo en su proceso de duelo. La vigilia acababa de empezar. Con ansiedad, dio vueltas alrededor del cuerpo sin vida y luego se sentó a su lado con paciencia, solo para volver a levantarse y dar más vueltas. Daba vueltas, luego se sentaba; más tarde volvía a dar vueltas y se sentaba de nuevo. El ave fallecida no se movía. Pasó una hora.

Yo estaba totalmente consumida por la entrañable historia de amor que se desarrollaba ante mis ojos.

La distracción fue agradable. Todavía estaba procrastinando, evitando, y lamentándome por esa llamada telefónica.

Mientras contemplaba sin cesar a la pareja, me convertí en parte del velatorio de la tórtola, sintiendo la tristeza del ave superviviente. Pero, lo que es más importante, me sorprendió su comportamiento. Hice fotos y vídeos, y estuve mirando sin parar a mi patio. Iba y venía de una habitación a otra para cambiar de ventana y tener una vista mejor. Estaba allí con él. Pasó otra hora, y luego otra. Iba a llegar tarde a mi cita.

Era hora de despedirme de la que había sido mi querida perra durante catorce años. Habían pasado cuatro días desde la cita con el veterinario y, tras muchas largas conversaciones y reflexiones sobre lo que podía pasar, había tomado una decisión. Hoy era el día. La llamada anterior me había confirmado que la cita era a la una de la tarde.

Pero ahora, mi corazón y mi atención iban y venían entre mi propia pena y las tórtolas. "Puede aguantar un par de semanas más. Puedo cuidar de ella", racionalizaba mi mente mientras Boo dormía tranquilamente junto a mi silla. Mi perra estaba enferma y dolorida, con múltiples problemas de salud. Apenas podía andar y ya no comía. Sin embargo, me negaba a aceptarlo, no estaba preparada para decirle adiós.

El tiempo seguía pasando; estaba claro que iba a llegar tarde y que estaba evitando mi cita. Me sentía más cómoda en el drama de los pájaros que en el mío propio. Cuatro horas después, mi amigo emplumado estaba angustiado, pero seguía dedicado a su compañera. Y mientras pensaba en mi amor por mi pequeña Shih Tzu, Boo, escuché algo.

Julie, quieres cuidar a Boo, pero en tus actuales circunstancias no tienes la capacidad de hacerlo. Es hora de dejarla ir. Has sido una guardiana dedicada a su lado, al igual que esta tórtola, pero ha llegado el final. Ella sabe que la quieres. Ha llegado la hora.

Con esto, un pájaro cardenal rojo aterrizó en el escalón de hormigón que tenía delante de mí y se acercó a la puerta de cristal, como si fuera un signo de exclamación. Me estremecí de incredulidad. La desgracia de la tórtola había servido como una reconfortante instrucción de la Divinidad, y yo había recibido el mensaje alto y claro. Era hora de llevar a Boo a la clínica veterinaria y decirle adiós.

La afligida tórtola se quedó más de cinco horas. Al final la ahuyentaron los pintores que estaban midiendo nuestra casa para darnos un presupuesto. Me entristeció verla marchar.

Aquella tarde salí a dar un paseo, reflexionando sobre los acontecimientos y sintiendo mi pena. Sonó mi teléfono. Era mi marido, que quería saber cómo estaba. Lo puse en el altavoz y seguí caminando, llorando y hablando, compartiendo la increíble historia de la tórtola.

Me interrumpió y dijo:

—¿Has oído eso?

—¿Qué?

—Un pájaro cardenal. Acabo de oír un cardenal.

Mi marido es observador de aves. Me detuve a echar un vistazo a las copas de todos los árboles. Podía oír su intrigante y singular canción, pero *¿dónde estaba?* Siguiendo su llamada, finalmente lo ubiqué en la copa de un árbol cercano. *¿Era el mismo cardenal que había subido al escalón?*

Entonces recordé que aún no había contado esa parte de la historia. Le conté a mi marido, Kevin, sobre mi visitante y cómo había ido dando saltos hasta la puerta de cristal. Kevin, que no es el tipo de persona con tendencias metafísicas, me sorprendió diciéndome:

—Una visita cercana de un cardenal es un mensaje de que tu ser querido está bien y nunca será olvidado.

Este fue otro "momento de Dios" de boca de mi marido. Este emisario de condolencias había sido situado deliciosamente en el momento y lugar perfectos.

"¡Qué gran despedida procedente de las manos cocreadoras de Dios!", pensé. Pero ahí no acaba la historia.

Mi amigo de plumas rojas ha vuelto cada día desde hace veinticinco días. Se acerca a mi puerta de cristal, revolotea por el patio trasero y se siente como en casa en mi santuario privado y sereno. Nuestra conversación se ha profundizado. De la alegría que siento por nuestra relación he obtenido notables comprensiones y una orientación continuada sobre un importante proyecto que estoy llevando a cabo. El pájaro me ha dado respuestas directas a mis preguntas más importantes, y me ha enseñado mucho más sobre la vida y sobre mí misma que sobre la muerte.

Pronto, las oropéndolas también empezaron a hablar conmigo. Fuera de mis puertas de cristal se abrió un diálogo vi-

vificante, inspirando mi escritura como una musa creativa y proporcionando una nueva chispa espiritual a mi vida y a mi trabajo. El universo vivo y consciente se ha convertido en un socio activo y coevolutivo de mi trabajo, expresándose en una presencia más íntima e inmediata que nunca.

Aquel "día de la tórtola" se abrió para mí una conexión mágica que ha iniciado un nuevo nivel de comunión con la naturaleza. El Creador se comunica más directamente, no simbólicamente, sobre todo a través de los alados de mi jardín.

Siento que es una conversación constante, en curso, lo que demuestra que no hay separación entre nosotros y Dios. He sido clarividente, clariaudiente y claricognitiva —capaz de ver, oír y saber cosas más allá de los sentidos—, pero esta experiencia me enseñó un nuevo lenguaje más allá de mi intuición habitual.

Las oropéndolas me han dicho que esta capacidad innata es antigua. Es el lenguaje primario de muchas culturas, y todos los seres humanos tienen esta capacidad. Ahora estamos aprendiendo a desarrollarla con mayor destreza. Es hora de bajar el ritmo, sintonizar, escuchar y ser un conducto sagrado para el amor en la Tierra, para que cada experiencia se convierta en una danza mágica con el universo. La información está en todas partes, todo el tiempo.

Esta experiencia, que empezó con una tórtola golpeando mi puerta de cristal, ha reforzado la idea de que existe algo más grande que yo y que está aquí para apoyarme. Ha sido una bendición en un momento transformador de mi vida y me ha animado a participar directamente en una conversación divina y cocreativa. Captó mi atención y curiosidad, sacándome de mi norma de oración y contemplación, y me atrajo juguetonamente al jardín.

Siempre estaré agradecida a la tórtola que dio su vida para despertar otra.

Doctora Julie Krull

UNA BREVE OBSERVACIÓN DE NEALE...

No puedo imaginar a nadie que no se sienta profundamente conmovido por esta historia. Sentir el dolor de la pérdida de la tórtola podría llevarnos al recuerdo de nuestras propias pérdidas en la vida. A continuación, Julie nos abre a la sabiduría de lo que bien se podría haber llamado una "regla cardinal" de la vida: no lamentarse ni perderse lo que está sucediendo justo delante de ti. Busca su propósito profundo de hacerte avanzar en tu propia evolución.

A veces, es la despedida de un querido compañero de viaje. A veces, es la observación inesperada, casi improvisada y momentánea, de alguien cercano a nosotros. Con cada oportunidad, la vida nos abre a sus verdades más significativas y poderosas. Nos regala formas de avanzar en las comprensiones más importantes de nuestro viaje aquí, en la Tierra.

Cuando la vida termina —para una persona, una mascota o incluso un pájaro salvaje—, este ser alcanza la recompensa de su vida interminable y gozosa en el reino espiritual, del que surge toda la vida física, y al que esta retorna. La experiencia de Julie abre la puerta para que todos miremos profundamente cada acontecimiento cotidiano como una comunicación de la Divinidad en todas sus formas. Su historia nos anima a ver la bendición contenida en cada acontecimiento, incluida la bendición de liberar a un compañero amado.

Viaje al corazón

Mi avión acababa de aterrizar tras sobrevolar Uluru, el lugar más emblemático de Australia Central. Esta imponente roca anaranjada se alza majestuosa en el corazón del desierto rojo, cargada de secretos inconfesables para aquellos que estén dispuestos a escuchar. Parecía brillar más cuanto más la observaba. No sabía que la Divinidad, en uno de sus muchos disfraces, estaba esperando para hablarme.

Otras siete mujeres venían conmigo en este circuito de una semana que prometía traernos más amor, paz y armonía en un entorno seguro y hermoso. Hacía tiempo que deseaba explorar el interior de Australia y anhelaba profundizar en mi experiencia de amor hacia mí misma. Cuando oí hablar de este viaje, me pareció la oportunidad perfecta.

Mientras estaba en el mostrador de equipajes perdidos describiendo mi maleta, grande y pesada, empecé a comprender, a nivel celular, que la Divinidad ya me estaba enviando un mensaje: *Suelta las cargas pesadas. Te agobian. Ya no necesitas llevar ese equipaje.*

Empecé a darme cuenta de que posiblemente esta no sería la semana de placer que había previsto. Sentí la tentación de coger el siguiente vuelo de vuelta, pero ya era demasiado tarde.

Sentí que Uluru estaba cerca, como un testigo silencioso, un compañero y un facilitador, que con su poderosa energía ayudaba a desmantelar mi viejo y atascado estilo de vida. Le oía susurrar: *Para que nazca lo nuevo hay que romper con lo viejo; solo entonces podrás dejarlo ir. Puede que en este momento te sientas abandonada, pero no estás sola. Estoy justo aquí, a tu lado. Siéntelo todo, preciosa. Deja ir y haz sitio para que llegue lo nuevo.*

Me senté en un montículo de tierra roja frente a esa grande y sabia roca madre y empecé a sollozar. Se derramaron vidas enteras de dolor, manchando mis mejillas de lágrimas y polvo. Uluru observaba con paciencia. Podía sentir su presencia amorosa. No eran necesarias más palabras.

Lloré con fuerza durante unos días, pero luego mis lágrimas se secaron, como la árida tierra bajo mis pies. Estaba en sincronía con el centro rojo.

Pero no tenía tiempo para detenerme. Estábamos de viaje y teníamos un lugar más que visitar. En medio del desierto, a horas de Uluru, un manantial de agua se había abierto sitio entre las rocas y había formado un profundo estanque. El agua parecía venir de muy lejos bajo tierra. Este oasis se escondía al final de una pista larga y polvorienta, donde la sombra de los robles del desierto proporcionaba un poco de frescura y alivio del sol abrasador.

Me senté tranquilamente en un banco, demasiado agotada para hablar, mientras el grupo charlaba al borde del agua. Sus carcajadas ocasionales me recordaban lo aislada que me sentía. Ansiaba volver a conectar con el amor. Después de minutos, los demás se marcharon.

Aliviada por el silencio y sola con el mundo natural, intenté asimilar todo lo que estaba ocurriendo. Mis sentidos cobraron vida; los colores parecían más vívidos y los sonidos más intensos. Hipnotizada, vi que una libélula se deslizaba por la superficie del agua aquietada, dejando un rastro de pequeñas ondulaciones mientras sus alas captaban los rayos del sol. La seguí mientras volaba a mi derecha y subía hacia las rocas rojas que abrazaban la pequeña oquedad hasta que desapareció en una grieta.

Sentí una presencia amorosa en las rocas que tenía encima de mi cabeza. Luego vi cómo una de ellas se transformaba en un rostro humano. Una nariz ancha emergió lentamente de la superficie de la roca, seguida de dos ojos suaves y unos labios gruesos y generosos. Su enorme capacidad de transmitir amor eclipsaba su forma e irradiaba sobre el estanque, flotando brevemente frente a mí mientras impregnaba mi corazón. Me sentí profundamente conmovida, reconfortada y aliviada mientras fluía como cálida miel por mi cuerpo. Todos los recuerdos tristes de los últimos días se disiparon.

En el silencio pude oír hablar al amor: *Ahora descansa profundamente. Estás a salvo. Camino contigo dondequiera que estés. Soy una pequeña semilla que vive dentro de ti. Aliméntame y cuídame. Sé amable, bondadosa y paciente contigo misma para que puedas recordar todo lo que es.*

No sé cuánto tiempo estuve allí sentada, disfrutando de estos momentos sagrados. No quería que se acabaran. Por fin, mi amiga vino a llevarme de vuelta al autobús. Me aparté de mala gana, tomando un momento para levantarme.

—¿Dónde has estado? —me preguntó—. Tienes la cara radiante y una sonrisa que no he visto en todo el tiempo que llevas aquí.

Pero yo no encontraba palabras. Todavía estaba saboreando el momento.

Ese día me di cuenta de que el cambio es inevitable, pero el sufrimiento es una elección. Sé que ambos me rogarán que les coja de la mano mientras recorremos un camino desconocido y difícil. Tomaré ese camino, pero en lugar de sufrir, caminaré con esa pequeña y amorosa semilla dentro de mí que me susurra: *Hagámoslo juntas, ¿quieres?*

Yaelle Schwarcz

UNA BREVE OBSERVACIÓN DE NEALE...

Este compartir de Yaelle nos recuerda que la voz de Dios —y sí, incluso una *apariencia* que Dios asuma temporalmente para ayudarnos a visualizar lo Divino— puede surgir y a menudo surge de la nada. A veces, ocurre con las formas y en los lugares *menos convencionales*. ¿Un rostro que emerge del muro de una formación rocosa en la montaña? Sí. ¿Una voz que surge de la nada? Sí. Una sensación de comodidad y facilidad sin ninguna razón en particular? Sí.

¿Y un mensaje que quizá nunca nos hayamos enviado a nosotros mismos, pero que surge en nuestra conciencia como una comprensión importante? Sí, eso también es posible. Las experiencias relatadas aquí nos dicen, en términos maravillosamente claros, que no tenemos que recorrer nuestro camino solos, nunca. Esto a lo que llamamos "vida" podemos hacerlo juntos. De hecho, lo estamos haciendo juntos.

La vida se las ingenia para mostrarnos esta verdad, como hizo con Yaelle. Y ahora, debido a sus palabras, muestra la verdad *a través de* ella. He mencionado antes que es beneficioso para nosotros no dar nunca por sentados los momentos gloriosos, ni los nuestros ni los descritos por otros. Nunca debemos dejar de explorar las profundidades de su significado más amplio.

¿Qué significado más amplio encuentro en la historia de cómo Yaelle comunicó con lo Divino? Dios está siempre con nosotros y no se detendrá ante nada para dejárnoslo claro, *incluso guiándote a leer esto ahora mismo.*

Ponte faldas

Me encanta lo divertido que es Dios, lo directo, insondable y, sin embargo, siempre preciso.

Trabajaba como coordinadora de educación especial en una escuela privada. En nuestro distrito escolar, las escuelas privadas no eran instituciones públicas, pero el distrito nos pagaba para trabajar con estudiantes que las instituciones regulares de educación especial no podían acoger. En algunos casos, las necesidades de los alumnos eran demasiado grandes, o su comportamiento era demasiado violento o imprevisible. Varios de nuestros alumnos ya se habían topado con el sistema de justicia penal; muchos participaban en bandas juveniles y en el tráfico local de drogas.

No era un lugar fácil donde trabajar. Los demás profesores se mostraban tan cautelosos y enfadados como los propios alumnos. No podía culparles. Se necesitaban todas las fuerzas que uno pudiera reunir solo para enfrentarse todos los días laborales a estos alumnos, a la mayoría de los cuales se les habían diagnosticado "trastornos emocionales".

Asimismo, el profesorado no estaba acostumbrado a responder ante nadie, ya que el centro nunca había tenido un coordinador de educación especial. Yo era nueva. Y era una mujer blanca. Mi presencia interfería en el tenue equilibrio que los profesores y los estudiantes habían establecido. Su acuerdo tácito era el siguiente: no se aprendería gran cosa, pero las peleas y la violencia se mantendrían al mínimo.

Yo tenía una misión. Quería mejorar los resultados de aprendizaje de tantos estudiantes como pudiera, pero también quería mejorar las condiciones del personal docente. Ni los alumnos ni el personal deseaban mi interferencia.

El director del centro me pidió que dirigiera una reunión del personal en la que pudiera explicar mi papel, incluyendo cómo quería ayudarles y lo que podría significar para los estudiantes. Aquel acto fue desastroso. Los profesores se repantingaron en sus asientos, con los brazos cruzados y la barbilla levantada en actitud desafiante. Cada vez que intentaba hablar, dos de ellos iniciaban una conversación en voz alta sobre algo irrelevante.

Traté de hacer preguntas sobre qué pensaban que podría facilitarles el trabajo. Se negaron a responder. Presenté algunas ideas nuevas. Entonces empezaron a tirarse pedazos de comida unos a otros. Cuando les pregunté por las "victorias" que habían conseguido con los alumnos, un profesor se levantó y abandonó la sala, seguido por todos los demás en pequeños grupos. Finalmente, solo quedamos en el recinto el administrador y yo.

Naturalmente, me cuestioné a mí misma. En el nombre de Dios, *¿qué estoy haciendo aquí?*

Aquella noche, en casa, me tumbé en el suelo de mi habitación y dejé que las lágrimas me resbalaran por los lados de la cabeza hasta al alfombra. Me sentía humillada, frustrada, enfadada e impotente. Pero nunca tuve ganas de abandonar. Cuando me tranquilicé, y después de tomar una buena comida, me tumbé de nuevo en el suelo de mi habitación, en la oscuridad, preguntándome qué se suponía que debía hacer. ¿Cómo podía ayudar tanto a los profesores como a los alumnos? Pensé que tenía algunas buenas ideas sobre cómo llegar a algunos de los niños, pero ahora me dolía el corazón.

Le pregunté a Dios qué podía hacer.

Usa faldas, fue la respuesta.

¿Qué leches estás diciendo?

Eso fue todo. Esas fueron las palabras que recibí. Supe que este mensaje venía de Dios porque era puro, simple y fácil de cumplir. Llegó acompañado de una sensación de tranquilidad y paz que inspiró mi corazón. Permanecí en el suelo durante unos minutos más, deleitándome en esa sensación de paz y de profundo apoyo. Era como si Dios fuera una madre que tiende la mano a su hija. Lo Divino quería que me levantara del suelo y siguiera adelante.

Lo que esto implicaba, y por lo que siempre estaré agradecida, era que *Dios* valoraba el trabajo que yo había elegido hacer, aunque las personas implicadas no parecieran sentir lo mismo.

Así que, de acuerdo. *Llevaré faldas*. No soy "muy amiga de las faldas", pero en aquel momento tenía algunas. Las saqué del fondo del armario y las puse sobre la cama. Luego rebusqué y encontré algunas blusas que podrían combinar bien.

A partir de la mañana siguiente, me puse falda todos los días para ir a la escuela.

Lo primero que noté fue que algunos de los alumnos más jóvenes empezaron a llamarme "señorita", en lugar de los nombres más despectivos que habían utilizado días antes. Con mis faldas tal vez me veían más como una abuela. Esto resultó alentador.

Cuando algunos de los estudiantes mayores vieron a los más jóvenes hablando conmigo, decidieron que era seguro confiar en mí. Y cuando el profesorado vio que yo interactuaba con los alumnos en las conversaciones, e incluso a veces sonreía y bromeaba, decidieron que no era el enemigo. Después de haber llevado faldas durante unas dos semanas, uno de los profesores se disculpó por su comportamiento en aquella infame reunión del personal.

Nunca llegué a encajar en aquella escuela, pero no estaba destinada a encajar. Estaba destinada a tener conexiones auténticas con algunas de las personas que estaban allí, y las tuve. Trabajé allí durante más de un año y llevé falda todos los días, aunque apenas me he puesto una falda desde entonces.

Durante ese año ayudé de muchas maneras. Me hice cargo de una clase durante un tiempo. Redacté un plan educativo individualizado para cada alumno. Me reuní con padres y consejeros. Inicié un programa de estudio independiente para ayudar a los estudiantes que tenían dificultades para acudir a la escuela.

Un alumno de noveno curso de mi programa de estudio independiente llegó un día a la escuela sin aliento. Dijo que se había bajado del autobús varias paradas antes de lo previsto y que había corrido el resto del trayecto hasta la escuela porque otros muchachos le estaban acosando e intentaban quitarle la mochila. Me dijo que les habría dado su mochila, pero contenía un libro, *The Giver* de Lois Lowry.

—Nunca renunciaré a este libro —declaró.

Era el primer libro que había leído y se lo había regalado su profesora, que era yo.

Los dos lloramos un poco. Pude ver a Dios trabajando a través de las faldas olvidadas en el fondo de mi armario, Su amor brillando a través de los hilos y hacia los corazones de los estudiantes heridos y asustados que tenía a mi cuidado.

Sue Bryan, doctora en Filosofía

UNA BREVE OBSERVACIÓN DE NEALE...

Para mí, lo más interesante de la experiencia de Sue es que las palabras que recibió cuando pidió ayuda a Dios no tenían sentido. Parecía que no tenían nada que ver con *nada*. Esta fascinante historia nos recuerda que, a veces, las ideas que recibimos cuando pedimos ayuda a Dios *pueden parecer completamente desconectadas de la situación concreta.* Puede ser la expresión casual de un amigo con el que acabamos de cruzarnos por la calle... o las palabras de la valla publicitaria que aparece detrás de la próxima curva de la autopista... o la letra de la próxima canción que surge en la radio del coche. Estas palabras aparentemente no orquestadas pueden parecer fuera de lugar y sin relación con nuestra oración pidiendo ayuda.

Sin embargo, hay algo que he corroborado a lo largo de mi vida, y el compartir de Sue me confirma que también les está sucediendo a otros: cuando pedimos ayuda a Dios directamente, es importante *prestar atención a lo que sucede a continuación.* Mira atentamente todo —y me refiero a todo— lo que se cruce en tu camino en los momentos que siguen a una súplica a la Divinidad. Seguidamente, no descartes de inmediato lo que se ha presentado ante ti, porque puede ser más relevante de lo que parece a primera vista para afrontar un reto o resolver un problema.

La experiencia de Sue me recuerda que la Divinidad trabaja de maneras mágicas para obrar Sus maravillas. Sue simplemente hizo lo que Dios le aconsejó. Se puso una falda, y al confiar en lo que escuchó, esquivó lo que podrían haber sido muchos momentos infelices y debilitantes en su trabajo, y logró cumplir su misión de ayudar a los demás.

Recuerda que tienes mi corazón

Estaba experimentando síntomas de enfermedad cardíaca. A los treinta y nueve años era demasiado joven para sufrir un infarto, pero había vivido justo enfrente de la Zona Cero mientras los trabajadores limpiaban los escombros de los edificios caídos en los atentados terroristas del 11 de septiembre. Había enfermado. Ahora temía que mi enfermedad hubiera vuelto. Mi médico me pidió que llevara un monitor Holter durante dos semanas para evaluar el funcionamiento de mi corazón.

Respondiendo a una llamada interna para iniciar mi camino espiritual y estar al servicio de los demás, hice un alto en mi vida durante el apogeo de mi carrera profesional para cursar un máster en teología. Me sentía como si hubiera saltado de un acantilado al abismo. Me encontraba en un estado de rendición total. Esta nueva crisis de salud ponía toda mi vida en tela de juicio.

El seminario de posgrado se parecía mucho a una escuela de misterios dirigida por místicos modernos, cuya misión era infundir en cada estudiante tantas experiencias ricas y luminosas como fuera posible en el tiempo relativamente corto que íbamos a pasar juntos. Me encantaba ir allí, pero ahora estaba asustada y confusa. *¿Por qué tengo problemas de corazón? ¿Tiene la vida otra dificultad espiritual más con mi nombre escrito en ella, y está a punto de pasarme algo grave por segunda vez?*

Durante este susto relativo a mi salud, mientras estaba en una de mis clases en el seminario, tuve una visión. Estaba muy concentrada en lo que decía el profesor cuando, de repente, su voz se apagó, al igual que todos los demás sonidos del aula. El rostro de Jesús el Cristo, Yeshua, se apoderó completamente de mi vista.

Todo lo que podía ver era a Yeshua, todo su rostro, de frente, de color dorado, innegablemente presente en todos mis sentidos. El mundo éramos solo Yeshua y yo. Me sentí sobrecogida por el amor Divino, el asombro y una gracia increíble. Lloré al sentirme completamente inmersa en un amor de otro mundo, como si se hubieran abierto un reino y una dimensión totalmente diferentes.

Deja ir y déjame entrar, me transmitió.

Me rendí fácilmente. Las manos de Yeshua se introdujeron en mi pecho y sacaron mi corazón y, a cambio del mío, él me dio el suyo. Me sentí inmediatamente transformada e integrada. Fue una experiencia profunda, incuestionable y desconcertante. Me senté en un estado alterado, sintiéndome entumecida y congelada. No podía hablar ni oía nada.

De repente, me pregunté si lo que acababa de ocurrir había sido evidente para alguien más. Para mí sorpresa, en una clase con otras personas de alta sensibilidad, nadie parecía haberse dado cuenta.

Durante el viaje de vuelta al hotel con mis compañeras, lo único que pude hacer fue mirar por la ventanilla de nuestro atestado monovolumen, sintiendo las lágrimas provocadas por un gran anhelo. La experiencia había sido una profunda fusión en el amor, pero me dejó un sentimiento de separación y dolor. Quería estar en cualquier otro lugar que no fuera esta tierra. Mis compañeras de estudios se dieron cuenta de que me encontraba en un momento delicado, y respondieron de una manera muy hermosa, sin invadirme ni preguntarme, dejándome en paz con mis pensamientos y sentimientos.

Los días siguientes, mientras asistía a clase en este hermoso entorno parecido a un santuario, me sentí extrañamente aislada, llena y vacía a la vez. Pasé por momentos de sentir la presencia divina, el amor incondicional y una conexión sublime con lo inefable. Supongo que esto es algo que todos experimentamos. Es la dualidad de estar en una forma humana, individualizada de Dios, pero sabiendo internamente que hemos sido creados en los reinos Divinos de todo lo que es.

Los demás días del curso estuvieron llenos de nuevas epifanías, sin duda vinculadas al intercambio de mi corazón con el de Yeshua, que había renovado mi coraje. La más significativa de ellas fue una epifanía que tuve con relación al *chakra alta mayor*, que en las antiguas tradiciones esotéricas se conoce como la "Boca de Dios/Diosa".

Cuando despierta, el chakra alta mayor se convierte en un puente energético con el alto corazón, situado en el timo. Esta conexión favorece la eventual formación del *antahkarana*, uno de los hilos del desarrollo de la personalidad para fundirse con el alma. Estas profundas reflexiones se convirtieron en el tema de mi tesis del máster en el seminario de posgrado.

Estoy eternamente agradecida por la renovación de vida que recibí de Yeshua. Mi corazón físico se curó y, desde ese día, cada vez que afronto dificultades, escucho la voz de Yeshua decirme: *Recuerda que tienes mi corazón.*

Reverenda Tiffany Jean Barsotti, doctora en Filosofía

UNA BREVE OBSERVACIÓN DE NEALE...

La maravillosa historia de Tiffany nos recuerda que, cuando pedimos ayuda a Dios —o, como en este caso, cuando anhelamos plantear una pregunta—, recibiremos una respuesta. A menudo, la respuesta surgirá dentro del contexto de nuestras vidas personales.

Cuando era periodista y escritor, entre mis veinte y mis cuarenta años, estaba acostumbrado a entrevistar a otras personas, a hacer preguntas precisas y a captar rápidamente las respuestas. No me sorprende que mi experiencia directa de Dios se produjera en un encuentro que tuvo ese mismo aspecto. Tiffany estudiaba en un seminario teológico. No me sorprende en absoluto que su experiencia directa de Dios girara en torno a una conexión poderosa y momentánea con la entidad divina que seguramente fue el objeto de gran parte de sus estudios.

La cuestión es: el contexto en el que expresas tu vida personal en el reino físico puede formar dentro de ti un contenedor sagrado capaz de contener la asombrosa realidad de lo Divino. Ahora soy consciente de que Dios se comunica con nosotros eligiendo la forma en que podemos, y queremos, relacionarnos más fácilmente con Él. Entonces podemos sentir, con un nuevo nivel de intensidad, eso a lo que Tiffany se refiere como "la dualidad de estar en una forma humana, individualizada de Dios, pero sabiendo internamente que hemos sido creados en los reinos Divinos de todo lo que es".

Dualidad no significa estar separado de ninguna parte de la realidad última. De hecho, es todo lo contrario. Somos duales, lo que significa que somos *ambas* cosas a la vez: humanos y Divinos. Somos, por tanto, uno con todos los demás y con Dios. Dios ha puesto el corazón de la Divinidad en *todos* nosotros. Este es el mensaje que recibo aquí.

Él me respondió

He estado rezando a Dios desde que era una niña asustada de ocho años, cuando mi madre me metía apresuradamente en la cama para que mi padre alcohólico no me hiciera daño. Rezaba a Dios a los quince años mientras volvía a la ciudad en la parte trasera de una camioneta después de haber sido violada. Recé a Dios a los dieciséis cuando me escapé de casa con una amiga durante una semana, cruzando las fronteras del estado.

Recé cuando mi hermanastro y su mujer se quitaron la vida. Recé cuando mi novio me pegó y amenazó con "cortarme en pedacitos para que nadie supiera que él había estado allí".

Tuve muchas discusiones con Dios cuando dos de mis sobrinos nacieron con enfermedades graves. Le hice muchas preguntas cuando un familiar mató a una de sus hijas e hirió a las otras dos. Dios y yo tuvimos una larga conversación el día de mi boda, cuando supe que me había casado con el hombre equivocado. He hablado sin cesar con Dios en medio de cada tragedia y de cada momento hermoso de mi vida. Nuestra conversación continuó cuando nacieron mis tres hijos.

Mi familia me había educado para rezar a Dios tanto y tan a menudo como fuera posible. Contaba con Dios para que me orientara. Sin embargo, durante estos momentos enormes, trágicos y espectaculares de mi vida, nunca oí que Dios me hablara. Compartí cada uno de mis pensamientos con Dios, pero no pude escuchar una respuesta. Mis oraciones eran conversaciones unilaterales.

Después de siete años de matrimonio, mi esposo se fue de nuestra casa.

Estaba segura de que volvería una vez que hubiera estado lejos de mí y de los niños por un tiempo, viendo el error de su forma de proceder, pero eso nunca ocurrió. Iniciamos el proceso de divorcio. Me encontré sola con tres niños menores de cuatro años. Estaba aterrorizada.

Era un sentimiento nuevo para mí. Era muy distinto de cuando solo tenía que protegerme a mí misma. Ahora tenía tres preciosas vidas a mi cargo. Día tras día, luchaba por evitar los errores que había visto cometer a otras durante sus divorcios. Contemplé cada movimiento, manteniendo cada pelota en el aire, tratando de estar presente en la vida de mis hijos sin dejar de mantenerlos.

Vendí todo lo que había significado algo para mí para poder salir adelante. Me esforcé por cuidar de mis hijos sin dejarles ver lo difícil que era. Con una vieja aspiradora, una fregona y un cubo, monté mi propia empresa de limpieza. Sin embargo, a menudo no sabía cómo arreglármelas para conservar nuestra casa. Le robaba a Pedro para pagarle a Pablo. Pero Pablo siempre estaba arruinado.

Una fría tarde de invierno, agotada tras limpiar la oficina de uno de mis clientes, me sentí desanimada y derrotada. Mientras pasaba la fregona por el suelo y limpiaba los espejos del cuarto de baño, intenté contener una sensación de desesperanza que nunca antes había sentido. La lucha y mi empuje se me habían agotado. No me quedaba energía para regatear con los interminables cobradores ni para satisfacer las necesidades de mis hijos. Les estaba fallando. Me sentía abrumada.

Salí a la noche fría y brumosa y me senté en el coche, llorando, esperando para encender el motor. Sabía que tenía que tomar una decisión. El depósito de gasolina estaba vacío y solo tenía diez dólares en mi cuenta bancaria. Tenía que decidir entre poner gasolina para volver a casa con mis hijos o comprar los pañales que necesitaban desesperadamente. No tenía suficiente dinero para ambas cosas y no sabía cuál elegir.

Dime qué debo hacer, le rogué a Dios mientras discutía conmigo misma en el coche. Mi instinto me decía que pusiera gasolina en el coche, porque siempre podía hacer un pañal con una camiseta o una toalla de mano.

Recuerdo el frío que sentí en el aire y el olor a gasolina que desprendía el depósito vacío. Intenté consolarme y recordar cuántas cosas había superado en mi vida. *Este es solo un obstáculo más.* Sin embargo, no estaba segura de poder continuar en esta montaña rusa que llamaba mi vida. *¿Cómo puedo seguir adelante?*

Cuando entré en la gasolinera más cercana, entrecerré los ojos, intentando ver a través del aguanieve que caía del cielo oscuro. Cuando salí al tiempo helado, mi pie quebró el hielo y se hundió en un charco. Ahora sí que estaba completamente desesperada.

Pero me miré el pie y allí, en el charco de barro helado, vi algo: un billete de diez dólares. Volví a hundirme en el asiento del coche y sollocé incontrolablemente, dando gracias a Dios por esta bendición.

No me cabía duda de que había encontrado el dinero gracias a Él. Entonces, por fin, escuché a Dios hablarme desde lo profundo de mi alma, tan claro como la voz de un padre, llena de amor. Me dijo: *Me encargo de ti, y siempre lo haré.*

Giré mi cabeza, de un lado a otro estupefacta, preguntándome de dónde había venido aquella voz de hombre, pero no había nadie. La radio no estaba encendida. El mío era el único coche del aparcamiento, yo era la única persona que había allí. Me sentí envuelta en un cálido manto de confort que nunca había experimentado en mi vida. Me senté temblando por el aire frío de la noche, pero también temblando de asombro.

Había hablado con Dios toda mi vida, sin escuchar nunca una respuesta hasta ese momento. Entonces supe que Dios me había respondido y que siempre me había escuchado.

M. J. Stanton

UNA BREVE OBSERVACIÓN DE NEALE...

Si miramos atenta y continuamente, veremos que a veces Dios se comunica con nosotros a través de lo que podríamos llamar "un pequeño milagro". ¿Podría clasificarse como milagro encontrar exactamente la cantidad de dinero que uno necesita, exactamente cuando uno lo necesita? ¿Tú qué crees? Así que mi principal conclusión aquí es que *¡Sí!* Los milagros ocurren, tanto grandes como pequeños.

Pero ¿sabes qué? Al principio de mi vida, me los perdí. No estaba *mirando por donde andaba.* Estaba prestando demasiada atención a donde había estado y todo lo que había soportado. Me concentraba en las cosas que estaban sucediendo en aquel momento y que no me gustaban; estaba demasiado ocupado para *pensar* que mi próximo paso podría llevarme a algo mejor, o incluso traer un milagro.

Desde entonces he aprendido que, como decía mi padre cuando me negaba a comer brócoli: "Hijo, no sabes lo que te pierdes". Actualmente engullo todo el alimento de la vida..., incluso las partes que no parecen demasiado apetecibles. Y sigo adelante, negándome a dejar que la apariencia de las cosas me detenga. La historia de M. J. me recuerda que soy sabio al hacerlo así, porque el milagro de mañana puede estar justo a mis pies.

Este relato nos dice que no solo ocurren milagros, sino que Dios nos habla a todos nosotros todo el tiempo, con el mismo mensaje de diferentes formas: *Me encargo de ti; siempre lo haré.* Se comunica con nosotros incluso en nuestro último momento en la Tierra, o quizá *especialmente* si es nuestro momento final en la Tierra.

El pacto

El año de la pandemia, la trayectoria de mi vida cambió. Todavía puedo oír mis propios gritos y sentir mis puños golpeándome la cabeza, suplicando que no fuera cierto. Recuerdo los escalofríos del *shock* y el crujido de mis rodillas contra el suelo. Las palabras: "Su hijo ha muerto en un choque frontal", me perseguirán siempre.

Algo cambió en mi campo molecular aquel día. Todo lo que creía que estaba bien en el mundo dio un vuelco y entonces, de repente, estaba irrevocablemente mal. Ver a mi precioso hijo en un ataúd, puesto en un agujero bajo tierra. La persona que había crecido en mi vientre había sido arrancada de esta Tierra para ser enterrada dentro de ella. Esta pérdida me erradicó hasta lo más profundo de mi ser.

Aquel día, una parte de mí se acostó en el ataúd con él, y no quiso volver a salir a la superficie.

El año de la pandemia perdí un punto de apoyo en mi Divinidad. Todo lo que era sagrado para mí había sido arrojado a la nada. Mi fe había muerto. Ya nada me parecía seguro.

Desde muy joven había creído en todo lo místico: ángeles, santos, dioses y diosas, el Espíritu Santo, el cielo, el universo y seres superiores. Todos ellos se superponían en mi percepción del mundo como una gloriosa pieza de gasa. Tenía un conocimiento innato del alma y del espíritu, y una conexión especial con la naturaleza. Me deleitaba en lo Divino y exploraba los mundos exteriores de la conciencia cósmica.

Todo esto me servía para comunicarme con Dios. Me convertí en una ángel arpista en la Tierra, una susurradora de animales, un conducto para todo tipo de expresiones de lo Divino.

Si me preguntaban qué era lo más preciado para mí, la respuesta era siempre mis hijos y mi divinidad, porque ambos estaban intrínsecamente entrelazados. Mis hijos eran milagros que daban testimonio de mi fe. Como tales, en cada nacimiento,

Dios y yo hacíamos un pacto. Dios protegería a mis hijos y los mantendría a salvo de cualquier daño, siempre, siempre.

El 21 de agosto de 2020 ese pacto se rompió.

Y el día que murió mi hijo, murió Dios.

Perdida en el torbellino del dolor, pasé los días siguientes en un estado de fuga y temor existencial. Mi alma se sentía fragmentada de la existencia mayor. Me encontraba a horcajadas sobre el borde externo del núcleo de la vida, con un pie en los planos astrales y otro en tierra firme. Era una muerta viviente y andante, y mi fantasma me seguía a todas partes. El interminable dolor de corazón me llevó a la desesperación. Hora tras hora, hora tras hora, gritaba: "Mi niño, mi niño, mi niño...".

Implorando un milagro, conversaba con los espacios vacíos intentando llegar a mi hijo. Necesitaba saber que estaba a salvo. No tenía que creer en Dios para saber que mi hijo había ido al cielo.

Solo necesitaba creer en el cielo.

Cada día que pasaba me hundía más en el abismo. Y entonces, otra cosa impensable sucedió. Nueve meses después de la muerte de mi hijo, me senté frente a mi médico con la misma sensación de fría conmoción cuando me dijo: "Es cáncer de mama...".

Enfrentarme a mi mortalidad me provocó una crisis existencial. Me hundí tanto en el abismo que ni el eco de mil ángeles llegaba a alcanzarme, y mucho menos la voz de Dios. En secreto, acogí la muerte como una oportunidad para reunirme con mi hijo. Pero sabía que él querría que luchara, que devolviera algo a la vida.

Las palabras de mi hija tiraron de mí: "Mamá, no puedo perderte a ti también...". Tenía dos opciones: rendirme a la vida o abandonar. Entonces no lo sabía, pero algo más grande que yo decidiría por mí.

Mientras estaba en la mesa de operaciones, en la cuenta atrás de la anestesia, le pedí a mi hijo que viniera a mí. Recé al Dios que creía que me había abandonado... y a la Fuente, a cualquier cosa o persona que me escuchara. Entonces todo se fundió en negro.

Una parte distante de mí oyó voces. "Su ritmo cardíaco está bajando. Aumentar oxígeno".

Yo estaba en la unidad de cuidados posanestesia, a la deriva, entrando y saliendo de la conciencia cuando se abrió un portal a otro mundo. Encontré un reino donde la cacofonía del dolor se quedó en silencio y todo lo que quedaba era el suave ritmo de algo parecido a un latido. Un sentimiento de gran amor me invadió mientras frecuencias nebulosas vibraban en mi cabeza.

Entonces apareció mi hijo. Cuando me rodeó con sus brazos, supe que aquello era el cielo. Era el cielo del que habíamos hablado cuando era niño. Por primera vez desde su muerte, no sentí dolor. Quería quedarme con él para siempre.

Una voz atravesó la barrera. "Deborah, Deborah..., vamos, despierta".

No quería dejar a mi hijo. Sentí que el mundo me hacía volver atrás mientras me aferraba a mi hijo, queriendo quedarme en el otro reino. Entonces volvió el dolor. Ellos habían ganado.

—Está bien, estás en recuperación…

Aturdida y atontada, luché por concentrarme.

Más voces:

—Lo has pasado mal. Nos costó despertarte y luego jadeaste, incapaz de respirar. Tuvimos que administrarte más oxígeno.

No tenía palabras para ellos, solo lágrimas.

Una enfermera me entregó mi colgante, una impresión de la huella dactilar de mi hijo.

—Toma, deja que te lo ponga.

Mirándola por un breve instante, vi su cara, solo un destello. Supe que había estado en presencia de mi hijo y que eso me había cambiado. Había experimentado algo maravilloso que sirvió de desfibrilador para mi corazón y mi alma atrofiados. Sabía que necesitaba volver a encontrar a Dios, pero también necesitaba encontrarme de nuevo *a mí misma.* Necesitaba volver a un lugar de vida, estar entera, con los dos pies en la tierra.

Lloré lágrimas agridulces. Mi hijo me había acercado a Dios. Mi hijo estaba en el cielo.

Seguí sintiendo la presencia de mi hijo durante todo mi tratamiento contra el cáncer; estaba junto a mi cama cuando lloraba hasta dormirme y a la hora del amanecer, cuando el pájaro silvestre venía a visitarme. Empecé a pasar menos tiempo deseando que mi hijo volviera a la existencia y más tiempo deseando volver yo misma.

Tres meses después, viajé a Sídney para visitar el cementerio en el aniversario de su muerte. Tumbada boca abajo sobre el manto de hierba donde descansaba, apreté el pecho contra la tierra, corazón con corazón. Con los ojos cerrados, respirando hacia el espacio que había debajo, deseé tener una conexión con mi chico. Una ráfaga de viento atravesó los árboles y sopló entre mis piernas.

Una voz habló: *Siempre estoy contigo, mamá. Cuando oigas un latido donde no debería haber ninguno, has de saber que es el mío, acompasado con el tuyo.*

Había oído un latido en la unidad de cuidados posanestesia. Ahora, tumbada en este pedazo de tierra que su cuerpo había consagrado, lo oí de nuevo.

Se me saltaron las lágrimas mientras decía: "Mi niño, mi niño, mi niño".

Lloré desde un lugar muy profundo; fue como si mi alma se derramara en la tierra. Por fin, mi dolor tenía un lugar donde liberarse. Sentí una liberación y un profundo cambio interno. Los hilos de lo Divino tiraron de mí y me despertaron a la vida. A partir de ese momento, empecé a ascender desde los reinos sin superficie.

De vuelta en casa, tomé el camino suave mientras avanzaba a tientas en mis nuevos papeles: madre en duelo, mujer luchando contra el cáncer de mama y alma batallando su camino de vuelta del abismo. Muchos días, los espinosos dedos del dolor se clavaban profundamente. El tratamiento del cáncer me dejó débil.

Al día siguiente de terminar la radioterapia, me levanté al amanecer, cogí mi arpa y me aventuré en la naturaleza. Bajo el dosel del bosque, anidé entre los árboles y me acurruqué en sus raíces, dejando que las nudosas ramas me envolvieran. Puse las manos sobre la corteza crujiente y escuché.

El bosque, rebosante de vida, era el sonido de todas las cosas sagradas y santas.

Inhalé y exhalé, respirando el ritmo en mi alma y mi espíritu. Era como si toda la naturaleza me ofreciera una bendición. En el bosque, sentí la presencia de Dios.

A medida que avanzaba, empecé a sentir de nuevo el alcance de lo místico y lo mágico. Se manifestaba en los colores del cielo cambiante, en la suavidad de la niebla matutina y en la gloria de la nebulosa nocturna.

Yo era un solitario pájaro matutino que abría sus alas a los rayos del sol, listo para elevarse. Los temblorosos racimos de moléculas que siempre me habían conformado según la sabiduría de la naturaleza en presencia del Todopoderoso comenzaron a realinearse. Los filamentos de mi núcleo se extendieron al universo y, finalmente, incluso el fantasma que yo había sido se desvaneció.

La Tierra se movió debajo de mí el día que murió mi hijo, el año de la pandemia.

Una parte de mí también murió ese día, pero otra renació. Mis pies habían aterrizado en una Tierra diferente.

Algunos días, los bordes afilados del dolor todavía me asaltan. Le echo de menos más allá de lo imaginable. Nunca dejaré de echarle de menos, y eso está bien. El dolor nunca termina, pero cambia de forma. Como un río en movimiento, encuentra su camino a través de mis venas y llega a mi corazón. En ocasiones, cuento cuántas veces ha latido mi corazón desde que él estuvo en mi vientre.

En esos momentos, simplemente dejo espacio para que el dolor se exprese. Camino mano a mano con la pérdida y el amor. No hay separación. No hay que dejar atrás a ninguno de ellos ni renunciar a uno por el otro. Cuando siento el peso de la pena, Dios y mi hijo me dicen que me apoye en ellos. Me invitan a descansar en su aliento.

He conocido el dolor más grande, que se ha entretejido en la trama de mi ser.

Soy la alquimia de cómo estos traumas de la vida han desvelado más de mí, como una flor que se desprende de sus pétalos; después se forman nuevos capullos, las flores se despliegan, decadencia, belleza, fragancia. Oigo la voz de mi hijo en el viento, en el zumbido del océano y en el canto del gorrión.

Estoy aquí, mamá, susurra. *Siempre.*

Soy Vilomah, un guerrero. Yo era el daño colateral en el velatorio de la muerte de mi precioso hijo, pero sobreviví a los estragos del cáncer de mama. Resucité de mi propia "muerte".

Ahora sé que Dios no me abandonó, y que yo nunca abandoné a Dios. Buscamos juntos, y el viaje condujo de nuevo a mí.

Dios no rompió nuestro pacto. Dios mantiene a mi hijo a salvo en el Cielo.

Deborah K. Bates

UNA BREVE OBSERVACIÓN DE NEALE...

Estoy impresionado por la claridad y la intensidad del mensaje que recibo a través de lo que Deborah comparte aquí. Para mí, ese mensaje es que Dios nos habla no solo con su propia voz, sino a través de las voces de los demás, especialmente de aquellos a quienes amamos y en cuyas palabras confiamos. Es posible que cuando Dios quiere asegurarse de que entendemos y aceptamos un mensaje concreto, nos hable a través de la voz de un padre, un hijo o un compañero de vida que se ha ido al reino espiritual antes que nosotros. Dios sabe que esa sería una comunicación que no podríamos desechar.

Compartir aquí la experiencia de Deborah nos trae a todos una información importante que puede cambiarnos la vida. Puede que sea algo que siempre hemos sabido, algo que nos hemos preguntado o que hemos descartado por completo. ¿Cuál es esa información? La muerte no existe. La idea de que "cuando nuestro cuerpo físico deja de funcionar, todo nuestro ser también deja de existir" es una ficción. No tiene nada que ver con la realidad última.

Para el alma, la muerte no es más que un cambio de domicilio. O, como se dice en *Conversaciones con Dios*, "un proceso de reidentificación". Esto es lo que Dios ayudó a Deborah, y a todos nosotros, a confirmar a través de los anuncios de su hijo.

La Madre Gaia y el indicador de gasolina

Había conducido muchas veces por aquella carretera de la llanura costera, por Maryland hasta la costa atlántica, y la conocía bien. Contemplaba los familiares caseríos medio abandonados, con sus interminables campos de soja y maíz que se extendían a lo largo de kilómetros. Los pequeños bosques y suelos blandos y arenosos. Pasé junto a carteles que anunciaban restaurantes de cangrejos entre las vallas publicitarias de los complejos turísticos a lo largo de las ciudades de Easton, Salisbury y Snow Hill.

Era mediados de junio de 2012, y me dirigía una vez más a la adormecida isla de Chincoteague, en el océano Atlántico, para acudir a un retiro. Sin embargo, este viaje era diferente.

Hacia la mitad del trayecto de cuatro horas, paré para llenar el depósito de gasolina y reanudé el viaje por la autopista. Mi mirada se dirigía periódicamente al indicador para controlar el nivel de combustible. A medida que pasaban los kilómetros, me sorprendió observar que la aguja del indicador parecía congelada apuntando a "lleno" durante cuarenta kilómetros, luego ochenta, y luego seguí recorriendo más kilómetros, pero la aguja no se movía.

Se me encogió el corazón. "Voy a tener que reparar el motor del coche. Eso significa otra factura del mecánico". Sería una nueva carga para mi ya limitado presupuesto.

¡El indicador de gasolina se mantuvo en lleno durante casi 180 kilómetros! Entonces, para alivio mío, vi que la aguja empezaba a bajar. Durante el resto del viaje, el indicador bajó lentamente como si nada inusual hubiera ocurrido. Sin embargo, yo sabía que había tenido lugar algo extraordinario. Fue para mí una clara confirmación de que los reinos mágicos en los que había entrado mi vida seguían desarrollándose.

Dos semanas antes, a finales de mayo, recibí una llamada del jefe del servicio de urgencias del hospital Johns Hopkins después de hacerme un TAC en una de sus clínicas.

—Tienes numerosos nódulos linfáticos agrandados en la zona abdominal —me dijo el médico—. Tienes un linfoma. Tendrás que encontrar un oncólogo e iniciar un tratamiento médico de inmediato.

Su voz era amable pero firme.

Sabía que mi estado de salud no era muy bueno, pero sus palabras me conmocionaron y aterrorizaron. ¿Qué tipos de radioterapia o de quimioterapia dura me recomendarían los médicos? En cuanto terminó la llamada, me derrumbé en la cama, sollozando.

La única claridad que tuve en ese momento fue que seguía decidida a ir al norte de Pensilvania dentro de cuatro días. Un curandero algonquino esperaba que me uniera a él en una ceremonia que iba a celebrar allí, y yo quería presentarme a pesar del diagnóstico abrumador.

El curandero había recibido una petición específica de la Madre Gaia a comienzos de mayo para que él y yo celebráramos una ceremonia con y para Ella. Solo nosotros dos. Dijo que había recibido instrucciones claras en cuanto a cómo debía hacerse. Yo sabía que él había estado comunicándose con Gaia durante años y su conexión era pura.

A pesar de mi desesperación, nada iba a impedirme participar en esa ceremonia.

Rebusqué en la basura detrás de una floristería para recoger suficientes pétalos de rosa como para llenar una bolsa de basura. Luego me preparé un sencillo vestido de algodón, un camisón y artículos de aseo. A continuación, me dirigí al norte.

Mi destino era una pequeña ciudad al borde de un enorme bosque estatal en Pensilvania, cerca de la frontera con Nueva York. El curandero me dijo que había elegido ese lugar porque había un restaurante ruinoso y cerrado, con una fachada desgastada, que tenía delante una estatua de tamaño natural de una abuela. El restaurante había sido conocido por sus tartas caseras "tal como las horneaba la abuela".

La Madre nos dio la bienvenida.

Al día siguiente entramos en un tranquilo sendero del bosque estatal hasta que encontramos un hermoso espacio para la ceremonia bajo unos árboles altísimos. Nos ahumamos para bendecirnos y luego esparcimos los pétalos de rosa por el suelo del bosque para crear un breve camino sagrado. Estas eran las instrucciones de Gaia.

Justo antes de iniciar la ceremonia, el curandero hizo una pausa para decirme:

—Voy a traer la energía y la conciencia de Gaia a tu cuerpo energético, pero no sé cómo te desconectarás después.

Todo lo que supe decir en ese momento fue:

—Mi vida es servir a la Madre, así que no me preocupa lo que pasará después. Esta era mi verdad. He olvidado muchos detalles de la ceremonia, pero siempre recordaré la antigua y poderosa voz femenina que retumbó en mi conciencia al acabar. Supe inmediatamente que era Gaia.

—*Si te rindes a mí tanto como yo te pida que te rindas, te ayudaré a curarte del cáncer sin médicos* —dijo Gaia.

Sin dudarlo, respondí:

—¡Sí, lo haré!

Si rendirme a la Madre Gaia significaba que podía evitar los duros tratamientos oncológicos, ¡estaba más que dispuesta!

Diez días después del milagro del indicador de gasolina, sentí que tenía que preguntarle a la Madre si ella estaba detrás de la magia que había sucedido en mi coche.

Riéndose, la Madre dijo:

—*Sí, hija mía. Esto es para que puedas confiar en mí y saber que estoy cuidando de ti.*

Para gran sorpresa de mi médico, el linfoma se curó en los dieciséis meses siguientes sin ninguna ayuda médica.

Mis conversaciones con la Madre han continuado desde aquella ceremonia de principios de verano con el curandero algonquino. Desde entonces, me ha mantenido ocupada con muchas más ceremonias y otros proyectos.

Mi camino de entrega total y las aventuras consiguientes continúa.

Mare Cromwell

UNA BREVE OBSERVACIÓN DE NEALE...

Este es otro de esos "pequeños milagros" de los que hablábamos antes: Dios comunicándose con nosotros en el aquí y ahora a través de los escenarios más improbables, pero que suceden de todas formas. Ya se trate de un indicador de gasolina que se queda en "lleno" durante 180 kilómetros o de un billete de diez dólares que encuentra su camino hasta debajo de un pie. Tanto si es un pájaro cardenal que visita nuestra ventana o una imponente pared rocosa cuya forma se transforma en un rostro lleno de amor, estos sucesos inexplicables ocurren. La propia Madre Tierra nos convoca a una ceremonia especial y nos infunde su energía curativa. Son señales de que Dios no se detendrá ante nada, utilizando cualquier dispositivo que tenga a mano para enviarnos amor puro.

Si algo completamente fuera de lo común, totalmente improbable, o aparentemente imposible surge en tu experiencia, deja de hacer lo que estés haciendo.

Párate de verdad, mira y escucha, *por el amor de Dios*. No hagas que Dios tenga que trabajar duro para llamar tu atención.

Estas historias apuntan repetidamente a esta sabiduría. *Presta atención.*

Las conversaciones con Dios nos dijeron que no existen las coincidencias. Nada —léase *nada*— ocurre por casualidad.

Respuesta a mi oración

La expresión del cirujano era tensa y urgente. Algo iba mal. Yo apenas podía respirar.

Mi hija Erin, de siete años, y yo estábamos en un centro de cirugía ambulatorio, con la esperanza de que un simple cambio de tubo pusiera fin a sus infecciones de oído recurrentes. Erin había tenido miedo de pasar por la anestesia de nuevo, pero le aseguré que esta cirugía menor era rutinaria, y que la incomodidad no duraría mucho. Ahora el procedimiento había terminado, pero el médico parecía ansioso. ¿Qué podía significar?

Pronto explicó que había encontrado un crecimiento no canceroso en el oído de Erin llamado colesteatoma, que según había visto estaba en un estado avanzado de desarrollo. Había limpiado lo que había podido durante la operación, pero no había sido capaz de eliminarlo todo. Ahora estaba preocupado de que el crecimiento podría haber entrado en su cavidad cerebral.

Yo tenía que programar inmediatamente una tomografía computarizada en su oficina. Si los resultados confirmaban su evaluación, mi pequeña necesitaría una cirugía inmediata, más complicada e invasiva, que podría poner en peligro tanto su cerebro como un nervio facial. Teníamos que esperar al escáner para obtener un pronóstico más detallado.

Nunca había oído hablar del colesteatoma, pero los gestos intensos del cirujano indicaban que era una situación grave. Tendríamos que esperar unos días para que nos dieran hora para la exploración, lo que me dejaba demasiado tiempo para preocuparme. Vivía sola con Erin y su hermano de diez años. Aunque hice todo lo posible por ocultar mi preocupación a los niños, a la mañana siguiente, mientras intentaba concentrarme en el trabajo y miraba ansiosamente al ordenador, se me hizo un nudo en el estómago. Era incapaz de pensar en otra cosa. Lo único que podía hacer era rezar pidiendo ayuda.

"¡Por favor, que se ponga bien! No sé qué hacer".

De repente, una visión de Erin apareció ante mí. Con absoluta claridad, ella me dijo: *Llama al maestro Lin.*

Sentí escalofríos por todo el cuerpo. "¡Por supuesto! Una idea brillante".

El maestro Lin es un renombrado sanador de energía *qigong* que casualmente vive en mi zona. Había oído hablar de sus habilidades un par de años atrás en un retiro espiritual. En ese momento, yo había estado practicando ávidamente la curación energética con el reiki, pero desconocía el *qigong*. De algún modo, cuando oí ese nombre, experimenté cierto reconocimiento…, casi una instrucción de que él iba a ser mi próximo maestro. Pero no había llegado el momento.

No había pensado en él desde ese día y nunca se lo había mencionado a Erin.

¿Sería posible verle con la premura suficiente como para evitar la operación?

Parecía improbable, pero llamé inmediatamente. Me sorprendió oír a la recepcionista decir: "El maestro Lin tiene una cita disponible mañana, y le encantaría ver a Erin".

A la mañana siguiente, hicimos nuestro primer viaje al centro de salud para que Erin tuviera su sesión. El maestro Lin nos pidió una breve descripción del problema y luego meditó en silencio delante de nosotras. De vez en cuando hacía algunos movimientos con las manos, manteniendo los ojos cerrados. Después de unos diez o quince minutos, dijo que sentía que ella iba a estar bien, pero sugirió dos citas más para asegurarse de que el problema estaba completamente resuelto.

Me sentí aliviada y esperanzada debido a su reputación de sanador muy capaz, pero no estaba segura de que Erin ya estuviera fuera de peligro.

Más tarde, esa misma noche, el oído de Erin drenó un poco de mugre de aspecto repugnante, y mis esperanzas siguieron aumentando. Fuimos a la cita para hacer la tomografía computarizada y salimos ansiosas por ver los resultados. Casi sentí lástima por el pobre médico mientras revisaba la tomografía. Se le puso la cara roja como la remolacha mientras la miraba con incredulidad.

Se esforzó por hablar, y finalmente dijo:

—No tengo ninguna explicación para lo que estoy viendo aquí. No tiene ningún signo de colesteatoma en absoluto. ¡No lo entiendo! Sé lo que vi. Pero está claro que no necesita la operación.

Yo rebosaba alegría. ¡Parecía completamente curada!

El doctor siguió escudriñando el escáner con perplejidad y buscando en su mente una explicación para su presunto error. Mientras estaba allí, totalmente desconcertado y murmurando avergonzado por su aparente diagnóstico erróneo, sentí que tenía que aliviar su sufrimiento. Le conté que habíamos llevado a Erin a un reputado curandero *qigong* y que, poco después, ella había tenido un derrame significativo en el oído.

Él desestimó por completo mi comentario.

—No, obviamente limpié por completo el crecimiento y me equivoqué al pensar que quedaba algo.

Suspiro. Al menos hice mi parte para plantar la semilla de que la curación energética podría tener algo que ofrecer.

Más pruebas confirmaron que ciertamente el crecimiento había sido sustancial y había estado presente el tiempo suficiente para causar alguna pérdida ósea. Ahora Erin lleva un audífono en clase, pero, por lo demás, se ha recuperado totalmente.

Gracias a las instrucciones claras que llegaron como respuesta a una oración, y a la ayuda del maestro Lin, se pudo evitar una intervención quirúrgica más invasiva.

Marcia Lowry

UNA BREVE OBSERVACIÓN DE NEALE...

He observado que la repetición es otra de las maneras que Dios tiene de captar nuestra atención. ¿Has notado, por ejemplo, que aquí hay otra historia de Dios hablando a través de una voz que no podemos ignorar? Y no tiene por qué ser la voz de un ser querido que nos ha precedido y que ahora habla desde el reino espiritual. Podría muy bien ser la voz de un cónyuge, preguntándonos si hemos oído piar a un pájaro cardenal, o la voz de nuestra hija de siete años, que no oímos en tiempo real sino que nos llega en una visión, como una película escenificada por el Gran Director.

He escuchado repetidamente relatar este mismo tipo de experiencias a diferentes personas, que me han contado, en momentos y lugares totalmente distintos, sus comunicaciones con la Divinidad. Cada vez estoy más convencido de lo que Dios me dijo:

—*Hablo con todo el mundo. Todo el tiempo. La cuestión no es a quién hablo, sino quién escucha.*

La lavadora sobrenatural

Después de haber vivido varios días felices seguidos, por alguna razón me desperté sintiéndome en desarmonía. Al sentarme a meditar, tomé unas pocas respiraciones profundas y me hice la pregunta: "¿Qué es esta sensación de malestar y qué puedo hacer al respecto?".

No esperaba una respuesta, pero me llegaron con mucha fuerza una visión y un conocimiento. Se me mostró una lavadora enorme..., unas cuatro veces el tamaño de una lavadora "normal". Era de carga frontal y entendí el mensaje: *Es hora de lavar y limpiar a fondo.*

Me reí para mis adentros. No soy una gran fan de la colada, pero he hecho muchas tareas de limpieza en mi vida. Pensé: "¿En serio? ¿Una lavadora?".

Siguieron unas imágenes de camisas con algunas palabras escritas en ellas que me había dicho a mí misma en el pasado. "No soy digna". "Tengo miedo". "No sé cuál es el siguiente paso". Y había muchas más.

Las camisas eran de distintos colores, y empecé a preguntarme por su significado. Me di cuenta de que algunas reflejaban los colores de los chakras. Recibí este mensaje: *Estas palabras te han manchado como se mancha la ropa. Es hora de enjuagarlas.*

A continuación, vinieron los recuerdos. Tuve una imagen de mi abuelastra gritando y de mí misma de pequeña sintiendo su estrés. Normalmente, sus gritos no iban dirigidos hacia mí, pero su rabia siempre llenaba la habitación, y la sentía amenazante. Esa imagen de mi abuelastra y de mí misma estaba en una camisa más larga, como un camisón, una prenda que podría cubrirme todo el cuerpo.

Luego vino otra imagen mía en un momento extremadamente incómodo de mi vida. Fue uno de esos momentos que, cuando miras atrás, piensas: "Bueno, había señales de que eso iba a suceder. Podría haberlo evitado si hubiera estado prestando atención y escuchando".

Con ese recuerdo, pude sentir mis defensas activándose, y tan pronto como empezaron a hacerlo, llegó otro mensaje: *Estás preparada para esta limpieza. No solo puedes limpiar las palabras, sino también los recuerdos.*

Repetí el ejercicio, arrojando palabras y recuerdos a esta enorme lavadora. Sentí algunas emociones a medida que surgían, pero no dejé que me atraparan. Me limité a notarlas y a concentrarme en el hecho de que iban a ser lavadas.

Puse una *tonelada* de detergente en la lavadora que tenía en el ojo de mi mente y cerré la puerta de golpe con mucho estruendo. Al hacerlo, sentí un dulce alivio. Me vi buscando el ciclo de "alta potencia" para asegurarme de que todo quedara bien limpio... No quería que quedara *ninguna* mancha. Vi la imagen de todas esas cosas dando vueltas en círculos, y observé como lo hubiera hecho en una lavandería. Me invadió una sensación de paz. Tenía apoyo. Se estaba produciendo una limpieza profunda.

Oí un pitido cuando la lavadora se detuvo. *Cuelga estas prendas para que se sequen. Necesitan que el sol las seque para que queden permanentemente limpias.*

Como crecí en la ciudad de Nueva York, nunca había colgado la ropa a secar, pero esta imagen mental era muy vívida. Me acerqué a un tendedero lleno de pinzas. Al sacar cada prenda, di gracias porque todas estaban blancas. Ninguna tenía nada escrito ni tampoco imágenes. Colgué cada una de ellas en el tendedero y las vi secarse bajo el sol ardiente.

Sabía que el sol estaba haciendo la última parte de la limpieza. Estaba permitiendo que realmente entrara la luz después de haber limpiado las manchas de mi diálogo interno y las heridas del pasado.

Caminé entre las líneas de ropa, tocándolas y sintiéndome profundamente bendecida. Sonriendo, di gracias por el mensaje de limpieza que había recibido de la lavadora sobrenatural.

Jenny Mannion

UNA BREVE OBSERVACIÓN DE NEALE…

Este inusual relato nos ofrece la oportunidad de establecer que los mensajes de Dios ocurren en nuestras vidas de cien maneras distintas y en mil momentos diferentes.

¿Pueden los pensamientos e imágenes extravagantes que vienen a nosotros de la nada ser mensajes de Dios? Por supuesto que sí. Y cuando una "visión y conocimiento", como describe Jenny, viene a nosotros con fuerza y sin ninguna relación con nada, lo más probable es que la Divinidad esté usando símbolos y metáforas para hacernos entender algo.

El diccionario define *metáfora* como "una cosa que se considera que representa o simboliza otra, especialmente algo abstracto". Si la experiencia de Jenny no es un ejemplo de eso, no sé qué podría serlo.

Sin embargo, ¿no podrían tales visiones y palabras simplemente ser el producto de nuestra imaginación? Como recordarás, traté esto en la primera parte de este libro, describiendo que le hice a Dios esta misma pregunta. ¿Recuerdas la respuesta de Dios? *¿No crees que usaría cualquier herramienta a mi disposición, incluyendo tu imaginación, para llegar a ti?*

El mensaje que encuentro en lo que compartió Jenny es este: no descartes el significado de la metáfora, "imaginada" o no. Ella abrazó la metáfora sin cuestionar su origen, y eso le fue muy útil.

Dios siempre se está comunicando con nosotros, utilizando todas las herramientas que tiene a su disposición..., incluyendo nuestras mentes creativas.

La presencia de Dios

Hace años, mientras caminaba solo en un fresco día de primavera, me encontré en la presencia de Dios.

Llevaba más de un año planeando tomarme un año sabático de mis responsabilidades de investigación y docencia en la universidad. Quería aprender sobre un área nueva de la ciencia y, al mismo tiempo, estaba redactando la documentación para una importante subvención que pronto llegaría a los Institutos Nacionales de Salud de Estados Unidos.

Al cabo de unas semanas de iniciar este descanso, decidí caminar junto a un seto alto que me había llamado la atención el día anterior. Estaba empezando a florecer y estaba rodeado de un mantillo fresco y fragante. Mientras caminaba, mi percepción empezó a cambiar inesperada y sutilmente. Una profunda alegría me invadió, al igual que una sensación de reconocimiento. Pensé: "Llevo toda la vida buscando esto y ¡aquí está!". Estaba experimentando la presencia del Ser que me creó a mí y a todo lo que existe. Era tan claro como el agua. Por primera vez en mi vida comprendí lo que era el Amor Divino y aprendí que podía experimentarlo.

La presencia era vasta, se extendía kilómetros en todas las direcciones. Era tangible y viva a su manera, pero solo podía sentir remotamente a Dios en el centro que emanaba la presencia. La experiencia duró unos minutos, luego se desvaneció. Mi percepción volvió a la normalidad, pero la alegría permaneció, junto con una creciente sensación de asombro.

Durante las tres semanas siguientes, entré y salí de esta presencia. Sentía continuamente una sensación de expectación, sin saber si volvería ni cuándo.

Cada vez que lo hacía, me daba cuenta de que podía indagar más. Quería ver claramente al ser que residía en su centro, aunque nunca llegué a verlo. Solo veía vagas imágenes en mi mente.

Sentí una creciente sensación de propósito, como si las cosas estuvieran dirigiéndose hacia algo. "Pero ¿qué podía ser?".

La respuesta llegó una mañana, cuando me encontré teniendo otro tipo de experiencia con esta presencia. Mientras que antes era algo con lo que me encontraba, pero con lo que no interactuaba, esta vez me estaba prestando atención a mí. Aquel día, la oí comunicarse con claridad: *Es hora de que te rindas y te dejes ir.*

Cuando empecé a comprender este mensaje, sentí miedo. "Si me rindo, ¿seguiré existiendo?", me preguntaba. "¿Quién permanecerá, o dejaré de existir?".

Lo cierto es que no tenía ni idea de las respuestas a estas preguntas. Estos pensamientos se me ocurrieron en un instante. Otra parte de mí reconoció que si tenía que rendirme, debía ser ahora, mientras estaba en presencia de Dios, rodeado de este amor, luz y cuidado absoluto. Entonces las palabras *Ten fe* vinieron a mi mente.

Y así, sin comprender del todo lo que significaban ni lo que estaba haciendo, *solté*.

Sentí inmediatamente una expansión y una iluminación de mi conciencia. Surgió una sensación de paz y silencio. Me di cuenta rápidamente de que "yo" no había desaparecido en el olvido, sino que este nuevo "yo" era diferente de la persona que había creído ser toda mi vida. Este era mi verdadero yo, y supe que siempre lo había sido.

En las horas siguientes, la experiencia del antiguo yo empezó a desvanecerse.

A través de mi ojo interno, vi a mi antiguo yo como una gran bola dinámica de energía arremolinada, una colección de pensamientos y sentimientos, una historia de experiencias. También vi que solo una pequeña parte de mi percepción había estado anclada en el momento presente. Así era como solía experimentar las cosas, con una parte de mí asociada con experiencias del pasado y otra que proyectaba rutinariamente hacia el futuro, anticipando los acontecimientos venideros. Una vez que me desprendí de ese yo anterior, el pasado y el futuro también desaparecieron. Lo único que quedó fue el apacible silencio del momento presente. Por suerte, aunque mi conexión con el pasado se disolvió, todos los recuerdos permanecieron.

En los días siguientes, tuve que hacer ciertos ajustes y, para ser sincero, algunos de ellos fueron difíciles. A los dos días, uno de mis hermanos llegó inesperadamente de visita. Por supuesto que le reconocí y recordaba nuestra historia familiar, pero ya no sentía la misma conexión que antes compartimos. Me resultaba extrañamente poco familiar, y al mismo tiempo no. Lo mismo me ocurrió con la que era mi mujer entonces, con mi hija y otros familiares y amigos. La gente y las cosas me parecían extrañas; nada era personal como antes. Sin duda, dejar atrás mi yo anterior había creado un vacío. Pero lo importante era que también había dejado un amor más grande y mucho más profundo.

El amor sigue dominando, un amor por todos y por todo.

Paul J. Mills, doctor en Filosofía

UNA BREVE OBSERVACIÓN DE NEALE...

Este notable compartir refuerza sorprendentemente el comentario que ofrecí después de la entrada anterior, de Emily. Allí, describí la presencia de lo Divino como "constante y ubicua". Esto es precisamente lo que Paul nos dice que experimentó mientras paseaba un día junto a un seto en flor.

Otros también —y es muy posible que tú seas uno de ellos— han sentido esta magnífica presencia en un momento o en un lugar al azar, ninguno de los cuales tenía un significado especial en sus vidas. Es importante no descartar nunca estas experiencias. Nunca las dejes pasar a través de ti sin que se peguen a ti, aunque, como le ocurrió a Paul, cambien tu experiencia de "ti" y de todos los demás.

Recordarás que, en su relato, Tiffany Jean se refirió a lo que ella llamó "la dualidad de estar en una forma humana, individuada de Dios, pero con la sabiduría interna de que somos esa esencia creada a partir de lo Divino". Los encuentros de Paul con su hermano y otros familiares y amigos reflejan esta experiencia.

Sin embargo, no quisiera que se diera por sentado que la presencia divina nos aleja de la cercanía con nuestros seres queridos. Cuando experimentamos el amor Divino, a menudo podemos experimentar simultáneamente una cercanía con los demás *como nunca antes*. Podemos sentir un tipo de apego menos necesitado que es todavía más íntimo. Asimismo, cuando no somos profundamente conscientes de nuestra unidad con todos los demás y con Dios, a veces podemos sentirnos desapegados de nosotros mismos.

Dicho de otro modo: nuestras relaciones se vuelven *más ricas* y *más significativas* precisamente porque nuestra necesidad emocional ha desaparecido. Podemos amar a los demás por lo que son, sin preocuparnos por lo que nos vayan a dar. Este amor puro nos cambia la vida.

Pregúntale

Era casi imposible conducir aquel día de principios de primavera en Suecia. A pesar de que las flores ya se esforzaban por abrirse paso a través de la cálida tierra, el aire de la mañana seguía siendo lo bastante frío como para congelarse en una niebla densa y dispersa. Solo podía ver a unos cinco coches de distancia. Y mientras avanzaba, me preocupaba que de repente aparecieran alces en la carretera al sur de Gotemburgo.

Y no podía dejar de sollozar por no poder salvar mi matrimonio. En mi agonía, suplicaba en voz alta: "¿Qué puedo hacer?".

De repente, la niebla se disipó por un momento y vi mi respuesta.

El cartel decía: "Askim, 13 km" . A través de mis lágrimas, leí: "*Ask Him*, pregúntale". Y en mi corazón, supe que eso era lo que tenía que hacer.

Seguí la señal, me desvié de la carretera y vi el contorno de una iglesia que sabía que estaba allí. Estaba a solo unos trescientos metros, pero me detuve y traté de recomponerme para que la gente no me viera llorar a lágrima viva. Cuando el coche se detuvo, me invadió un hermoso sentimiento de paz y de gran amor. Sentí como si alguien me acogiera en sus brazos. Me sumergí en el sentimiento y me di cuenta de que me estaba dando una serena sensación de fortaleza. Después de un poco de tiempo, me sentí con fuerzas para salir del coche y caminar hacia la iglesia.

Tuve que atravesar un cementerio, cuyas lápidas estaban oscurecidas por la niebla. Pero esta inquietante experiencia no me asustó. Sabía que se debía a la enorme sensación de amor y apoyo que sentía.

Abrí suavemente la puerta de la iglesia para no molestar a nadie si se estaba celebrando algún servicio religioso. Pero el edificio parecía oscuro y vacío. Avancé por el pasillo y me senté en un banco cerca del altar, para descansar al menos media hora. Poco a poco, mi mente se fue aclarando. La sensación de calma aumentó. Me pareció encantador que quisiera permanecer en ella el mayor tiempo posible, pues temía que se desvaneciera si me levantaba.

Entonces repetí mi pregunta del camino: "¿Qué puedo hacer?".

La respuesta vino inmediatamente a mi mente: *Irme.*

En ese momento, un rayo de sol atravesó la niebla y se coló por la vidriera de la ventana, iluminando el altar con un resplandor dorado. Un cuadro de Jesucristo también empezó a brillar. Me vino a la mente la historia de la resurrección. Sabía lo que tenía que hacer.

En mi mente, dije: "Por favor, quédate conmigo". Entonces me puse de pie y caminé hacia la puerta de la iglesia.

Justo cuando empujaba el picaporte, oí girar una llave y la puerta se abrió.

Me quedé sorprendida, pero el pobre guardián de la iglesia parecía que hubiera visto un fantasma.

—¿Cómo has entrado? —tartamudeó.

—La puerta estaba abierta —respondí.

Sacudió la cabeza.

—Nunca está abierta fuera de las horas de servicio.

Me hizo un gesto para que saliera y luego, con gusto, cerró la puerta tras de mí.

Fue como si oyera a Dios reírse por encima de mí. Mi corazón se aligeró. En el camino de vuelta a través del cementerio, mis ojos captaron un nombre en una de las lápidas: Sandwall.[2] Inmediatamente, oí una voz que decía: *Solo hay un muro de arena delante.*

Estas palabras y mi experiencia en la iglesia me dieron la determinación de seguir adelante con mi vida.

Agustina Thorgilsson

2. Muro de arena. (N. del t.)

UNA BREVE OBSERVACIÓN DE NEALE...

Bueno, difícilmente podría haber un mejor ejemplo de Dios utilizando un escenario improbable para comunicar un mensaje que permitir que alguien necesitado de una respuesta abra *la puerta cerrada de una iglesia*, entre, se siente tranquilamente en la casa de Dios y obtenga su respuesta en una palabra. Pero, ¡espera! ¿Y si el Gran Director de esta escena hace que el actor principal salga a través de un cementerio y encuentre un mensaje importante *tallado en piedra,* y luego lo explique con una voz inconfundible, para que no se pueda perder el significado? ¿Suena lo bastante inverosímil?

Tengo la idea de que, si miramos atrás en nuestras vidas, encontraremos lo que yo llamo Momentos Improbables, que entonces no consideramos como una comunicación de lo Divino, pero que ahora vemos como *exactamente* eso, sin lugar a dudas. Y, por cierto, más mensajes podrían estar en camino, porque este *es* uno de los caminos en que Dios nos *muestra* el camino para seguir nuestro camino.

No podría encontrar la manera de utilizar la palabra "camino" más veces en una sola frase.

A veces, el escenario improbable de la vida puede ser sofisticado y complejo, con muchos giros y vueltas. Otras veces puede ser sencillo, como la forma en que este libro se abrió camino hasta tus ojos.

Nuestro bebé milagroso

Mi marido y yo llevábamos ocho años casados e intentando tener un hijo desde nuestra luna de miel. Yo me había quedado embarazada en el primer año de matrimonio, pero había abortado tras solo ocho semanas. Entonces una ecografía reveló que tenía cáncer. Tenía treinta y un años. Elegí un camino completamente holístico hacia el bienestar y me recuperé totalmente del cáncer, pero a pesar de que mi cuerpo estaba fuerte y sano, había sido incapaz de volver a concebir.

Habíamos solicitado una adopción internacional y acabábamos de recibir notificación de que todos nuestros antecedentes habían sido aprobados. Deberíamos tener un bebé en doce meses. Aquella noche nos fuimos a la cama eufóricos y emocionados porque nuestra larga espera de un bebé pronto terminaría.

Durante la noche, me despertó una deslumbrante luz dorada. Sentía un brillo cálido en la cara. A mi izquierda, flotando sobre mí, había un ser alto y dorado. Tenía forma humana, pero estaba completamente iluminado por la luz dorada. De él emanaba el amor más increíble. No se parecía a ningún amor que hubiera sentido antes. Sentí que mi corazón se abría de par en par mientras las lágrimas corrían por mis mejillas.

Todo mi cuerpo empezó a calentarse y pude sentir y ver anillos de luz dorada que subían y bajaban desde lo alto de mi cabeza hasta debajo de mis pies. Entonces sentí que mi cuerpo pivotaba de un lado a otro de la cama y me di cuenta de que, energéticamente, ahora estaba de pie. Las ondas de luz continuaron pulsando arriba y abajo de mi cuerpo y la energía comenzó a intensificarse.

A medida que los anillos de luz se expandían alrededor de mi cuerpo, pude sentir que se acumulaba una presión en el bajo vientre. Entonces sentí una liberación masiva y una sustancia gelatinosa, alargada y blanca cayó de entre mis piernas al suelo, donde se desintegró inmediatamente.

Entonces, por primera vez, el ser dorado habló. Me dijo que lo que me impedía quedarme embarazada había salido de mi cuerpo. *Descansa ahora y todo irá bien.*

Lo siguiente que recuerdo fue despertarme llorando, sacudiendo a mi marido para poder contarle lo que había pasado. Me dijo que había estado profundamente dormido y no se había dado cuenta de nada. "Debe de haber sido un sueño", sugirió.

Pero yo sabía que no era un sueño cualquiera. Nunca había experimentado algo así. Todavía me sentía diferente, de algún modo más ligera y brillante. Salté de la cama y me moría de ganas de llamar a mi hermana para contarle mi increíble experiencia.

Seis semanas más tarde, me preparaba para realizar un vuelo corto a fin de hacerme el escáner anual en la unidad oncológica. La noche antes del viaje, sentí unas suaves vibraciones que recorrían y rodeaban mi cuerpo. Estaba muy tranquila y en paz, lo que no era habitual en mí, ya que siempre me ponía nerviosa unos días antes de someterme al escáner, temiendo lo que los médicos pudieran encontrar. Esta vez no me sentía así. Esa noche me hice una prueba de embarazo, para estar segura, porque sabía que me iban a hacer varias pruebas y exploraciones en el hospital. La prueba de embarazo dio negativo.

No lo pensé más y al día siguiente me dirigí al aeropuerto. Todo el trayecto fue como la seda. Tuve que esperar dos horas antes de mis citas y, por alguna razón, me sentí atraída a visitar una catedral cercana al hospital. Había trabajado justo enfrente de esta hermosa catedral durante años, pero nunca la había visitado. Entré, me senté en un banco de la parte delantera y cerré los ojos para rezar. Inmediatamente, pude sentir una hermosa energía como de un ángel detrás de mí, envolviéndome con sus alas en un abrazo. Un cálido resplandor rodeó mi cuerpo. Me encontraba en un estado de pura felicidad.

Otro visitante me sobresaltó tocándome el brazo.

—Debes haberte quedado dormida —dijo el caballero—. Temía que te cayeras del asiento.

Miré el reloj y vi que habían pasado casi dos horas. Tenía que darme prisa para llegar a mi cita en el hospital.

Mi médico estaba contento con lo que había visto en los escáneres. Tenía que esperar a que llegaran los resultados de unos análisis de sangre, pero todo tenía buena pinta. Estaba eufórica con esta noticia mientras me dirigía a mi siguiente cita.

En la clínica dental, mi dentista quiso hacerme una radiografía.

—¿Hay alguna posibilidad de que estés embarazada?

Le dije:

—No lo creo. Anoche me hice un test y dio negativo.

La dentista, que me conocía desde hacía años, dijo:

—Bueno, me sentiría mejor si fueras a la farmacia de al lado y te hicieras una prueba de embarazo antes de hacer la radiografía.

Me hice la prueba en el baño de la consulta dental. Imagínate mi alegría cuando el resultado fue positivo. Todo mi cuerpo vibraba de emoción cuando llamé a mi marido para darle la noticia. Quería que él lo supiera antes que la dentista. Evidentemente, mi marido estaba encantado.

Tuve un embarazo fuerte y sano y recibimos la bendición de tener un niño precioso y sano. Dos años después, tuvimos una preciosa niña. Los milagros existen.

Siobhan Maguire

UNA BREVE OBSERVACIÓN DE NEALE...

Siobhan describe, con excelente detalle, cómo fueron los momentos en los que experimentó su conexión con lo Divino. No todas nuestras experiencias serán idénticas, pero la especificidad de esta descripción puede ser útil a otros, que de otra manera podrían preguntarse qué diablos está pasando si se encuentran con algunos de esos mismos inusuales fenómenos corporales.

Recuerdo que, al comienzo de mi propia conversación con Dios, las lágrimas me corrían por la cara mientras un cálido resplandor envolvió mi corazón. No tenía ni idea de por qué ocurría, pero me permití estar bien con ello, como nos cuenta Siobhan en sus experiencias.

Y esto sucedió en una iglesia... ¡Aunque ella no tuvo que atravesar una puerta cerrada para entrar! Todo esto trae a mi memoria algo que me decía mi madre cuando era niño: "Cariño, dondequiera que yo esté es mi iglesia. Dios está en todas partes". Yo tardé cuarenta años en experimentar que esto también es mi verdad. Espero que tú no hayas tardado, o no vayas a tardar, tanto.

El pequeño búho blanco

Aquella noche de septiembre acabábamos de salir de la granja de nuestro amigo y deambulábamos por un camino rural con las ventanillas del coche bajadas para que el aire cálido de la noche acariciara nuestros rostros mientras volvíamos a casa.

Cuando llegamos a la cima de la colina más alta, la *Luna de la Cosecha* estaba a plena vista y su magnificencia me dejó sin aliento. Su pálido resplandor anaranjado parecía sagrado, como si la propia luna estuviera manifestando a Dios.

Pero había algo más adelante en la carretera.

Mi marido y yo nos detuvimos justo al lado y saltamos del coche, apresurándonos para ver qué era. El objeto blanco, iluminado por la luz de la luna, era el cuerpo de un pequeño pájaro.

Para mi consternación, lo reconocí como el cuerpo de un macho joven de lechuza común.

Tenía la cara blanca, con forma de corazón y rodeada de plumas de color marrón dorado, y los ojos cerrados como si estuviera en un sueño profundo y reparador. El pequeño búho tenía una forma perfecta con sus alas blancas, largas y redondeadas, bien pegadas a los costados. Las plumas blancas en la parte baja del vientre eran impecables, blanco puro mezclado con una pizca de oro, y su corta cola blanca se extendía unos centímetros por debajo del cuerpo. No había signos de traumatismo ni indicios de cómo esta cría de búho había encontrado su destino.

Mi marido y yo nos miramos con profunda tristeza y, sin hablar, cogí el pajarillo sin vida y lo acuné con ambas manos. Sentí la suavidad aterciopelada de sus plumas y el calor de su cuerpo, signos que indicaban que la vida del pajarillo había terminado hacía poco tiempo.

Rápidamente observé el paisaje circundante y mis ojos se posaron en un granero al otro lado de la carretera, en medio de un vasto campo abierto de heno recién cortado. La fragancia rica y especiada del heno recién cosechado me recordó el aroma complejo y terroso que desprende una botella añeja de Pinot Noir.

El granero, con sus tablas de madera desgastadas y su tejado a dos aguas, podría haber sido el lugar de descanso del pequeño búho durante el día. Al caer la tarde, se habría abalanzado en picado sobre el paisaje abierto, volando bajo sobre el campo de heno recién cortado, buscando y escuchando a los pequeños roedores que correteaban por allí. Pero este pequeño búho no volaría más.

Mi marido abrió la puerta trasera del lado del conductor y colocó un trozo de tela en el suelo. Puse el pajarito sobre la tela con ternura, asegurándome de que estuviera bien acomodado y cerré la puerta. Volví al asiento del conductor y noté que el reloj del coche marcaba las 11:11, un número que se había convertido en una señal especial para mí, típicamente un precursor de fenómenos espirituales. Me pregunté qué mensaje estaba esperándome.

En el sombrío viaje de vuelta a casa, decidimos enterrarlo en nuestro patio trasero, en una zona donde antes habíamos enterrado a nuestras queridas mascotas. Hacía poco había comprado una caja de madera antigua en un mercadillo; acordamos que este podía ser su ataúd. Mi marido se ofreció a cavar la pequeña tumba.

Pero cuando abrimos la puerta trasera del coche, la tela estaba vacía; el pequeño búho blanco había desaparecido.

¿Cómo era posible? ¿Se había recuperado y había conseguido agazaparse debajo de uno de los asientos? Mi marido cogió la linterna de la guantera y buscamos debajo de los dos asientos delanteros, y luego por todo el coche, pero no había ni rastro del búho. Nos miramos mutuamente y sacudimos la cabeza con incredulidad.

Se me ocurrió otro pensamiento. "Tal vez recuperó la conciencia justo cuando estaba cerrando la puerta trasera, y de alguna manera se las arregló para salir volando sin ser notado".

—Podemos volver y ver si está allí —dije.

Volvimos al lugar donde habíamos encontrado al búho, y allí estaba, tumbado en medio de la carretera, ¡exactamente en el mismo sitio! Era como si nunca nos hubiéramos detenido a recogerlo la primera vez, excepto que ahora habíamos viajado en la dirección opuesta.

Una vez más, recogí el cuerpo del pájaro y lo deposité en el suelo trasero sobre la pequeña tela. Me sentí como si estuviéramos en una versión de la *Dimensión Desconocida*. ¿Cómo era posible? Ambos sabíamos que no nos lo habíamos imaginado. Podía recordar la sensación del pajarito en mis manos, cálido y suave. Me pareció haber visto a mi marido mirando al pájaro por encima del hombro durante el primer viaje de vuelta a casa. No había duda de que el búho había estado en mis manos y en mi coche... y después había desaparecido, ¡solo para reaparecer en el mismo lugar donde lo habíamos encontrado por primera vez!

En un extraño trance *déjà vu*, volvimos a entrar en el camino que lleva a nuestra casa. Esta vez, cuando abrí la puerta trasera, el búho blanco yacía inmóvil sobre la tela. Reanudamos nuestro plan de entierro anterior en un silencio estupefacto.

Aquella noche, tumbada en la cama, no podía dejar de pensar en lo que había ocurrido. ¿Qué tipo de mensaje se suponía que debía sacar de este suceso? ¿Que la realidad no es en absoluto lo que yo pensaba? ¿Que la materia y la masa no son más que una ilusión?

Pensé en las historias que mi madre, descendiente de nativos americanos, me había contado de niña. El búho blanco simbolizaba la sabiduría interior; el cambio y la transformación, el desarrollo intuitivo y la autorrealización. En sus historias, el espíritu animal del búho blanco actuaba como mensajero, portador de la sabiduría del Gran Espíritu. Cualquiera que tuviera la suerte de encontrarse con un búho blanco, había dicho mi madre, recibiría el don de la comunicación con el Gran Espíritu mediante palabras escritas inspiradas o canalizaciones intuitivas. Los cálidos recuerdos de la infancia inundaron mi mente mientras caía en un profundo sueño y empezaba a soñar.

Levanté la vista hacia las copas de los pinos. Los enormes árboles se habían desprendido de una fracción de su verdor para prepararse para los próximos meses de invierno y las hojas desechadas creaban una espesa alfombra de fragantes agujas de pino bajo mis pies. Se acercaba el anochecer cuando oí el ronco ulular de un búho a lo lejos. Aceleré el paso hasta que pude ver al magnífico pájaro posado en una rama baja de un espléndido pino.

El búho blanco me miró directamente, abrió el pico y dijo: *¡Escúchame!*

Me senté erguida en la cama, luchando por despertarme del todo. Encendí rápidamente la lámpara de la mesilla y cogí el bloc de notas y el bolígrafo. Después de anotar todos los detalles que podía recordar de mi encuentro, apagué la luz y volví a dormirme.

A la mañana siguiente, cogí la libreta y leí las palabras: "¡Escúchame!". ¿Qué se suponía que debía oír? Mi sueño había terminado abruptamente justo cuando recibí la orden de escuchar. Volví a tener el mismo sueño las dos noches siguientes. En cada ocasión, me desperté justo cuando hablaba el búho blanco.

Como hacía tiempo que me interesaba la práctica de la escritura inspirada, me sentí motivada para probarla en un intento de entender qué mensaje tenía para mí el búho en la noche de la *Luna de la Cosecha*. Lo intenté varias veces, pero no conseguí calmar mi mente lo suficiente como para escribir. Así que decidí dejar de intentar forzar un mensaje. Esperaría a sentirme inspirada.

Unos días más tarde, esa inspiración llegó mientras estaba sentada en mi terraza trasera y observaba flotar una pluma blanca. Iba y venía, iba y venía cabalgando sobre una corriente de aire cálido, y finalmente aterrizó a mis pies. Supe inmediatamente que era la señal que había estado esperando.

Me apresuré a entrar, cogí el bolígrafo y el papel que tenía más cerca y empecé a escribir.

Pamela D. Nance

UNA BREVE OBSERVACIÓN DE NEALE...

Quizá ya nos hemos acostumbrado a oír hablar de escenarios improbables o imposibles —un billete de diez dólares en el barro, abrir la puerta cerrada de una iglesia o una luz brillante que aparece de la nada en el horizonte— por lo que confío en que ya no necesitas convencerte más de que la Divinidad utiliza sucesos improbables e inexplicables de la vida real para crear circunstancias irreales que transmiten un mensaje allí donde debe darse.

Por lo tanto, no te sorprendas si un búho blanco aparece en tu propia vida, actuando —como la madre de Pamela dijo que lo hacen— como un mensajero portador de la sabiduría del Gran Espíritu. Podría ser simplemente una pluma blanca que encuentra su camino hasta ti... o, como sugerí antes, un libro de lo más inusual que se sitúa ante tus ojos. La autora nos dice que el búho blanco simboliza la sabiduría interior; el cambio y la transformación, el desarrollo intuitivo y la autorrealización. ¿Es posible que una *historia* fascinante sobre un búho blanco pueda hacer lo mismo?

Tal vez esta sea la señal que *tú* necesitas. Coge el bolígrafo y el papel más cercanos y empieza a escribir. Crea un registro de lo que fluye hacia ti, y a través de ti, en este momento. Podría ser importante. Podría ser significativo.

Podría ser la Divinidad, hablándote *a ti*.

Eso es la curación

El dolor era increíble, y muy desalentador. Mis síntomas indicaban un brote de la enfermedad de Crohn. A los veintitrés años, volvía esta enfermedad incurable... otra vez.

Llevaba más de diez años tratándome de la enfermedad de Crohn y había estado a punto de morir varias veces. Enfrentarme al dolor de un nuevo brote me entristecía y me asustaba.

Sabía que esta vez lo que me esperaba era peor. En el pasado, los médicos me daban medicamentos que me ayudaban durante un tiempo; cuando llegaba al punto en que la medicación ya no funcionaba, un cirujano me extirpaba una sección de mi intestino enfermo. Esto aliviaba los síntomas durante unos meses, pero la enfermedad reaparecía y volvíamos a pasar por el ciclo de medicación y cirugía.

Esta vez, ya no me quedaban recambios. Si la medicación no conseguía controlar mis síntomas, me enfrentaba a una ileostomía: el cirujano extirparía todo el colon y sacaría el extremo del intestino delgado fuera de mi abdomen. Todos mis desechos digestivos irían a parar a una bolsita unida a esa abertura. Tendría que vaciar la bolsa yo misma, a mano. La idea me horrorizaba.

Me asustaba volver a estar enferma, con dolores y vómitos persistentes que agotaban mi energía. No sabía si podría volver a pasar por eso. ¿Y qué pasaría con mi vida? ¿Dónde estaba la diversión, la alegría, los descubrimientos que la mayoría de mis compañeros de veintipocos años estaban realizando?

Tuve médicos maravillosos que hicieron todo lo que pudieron. Realmente les importaba, pero no pudieron ayudarme a encontrar una cura permanente. Di vueltas y más vueltas en un ciclo debilitante.

En aquella época, en aquella parte del país, tenía pocas opciones. Incluso a los quiroprácticos se les consideraba charlatanes. Ningún sanador alternativo ofrecía servicios cerca de donde vivía. Y esto era antes de Internet, así que no había una manera fácil de investigar qué hacer.

Casi al mismo tiempo que recibí esta noticia, me enteré de que una amiga estaba en el hospital. Se había caído en la ducha y se había golpeado la cabeza. El último informe decía que las cosas iban mejor y que los médicos esperaban que se recuperara.

En una noche cálida y húmeda de julio, poco después de las diez de la noche, mientras estaba tumbada en la cama, leyendo y tratando de distraerme de mis preocupaciones, mi mente de repente se llenó de luz y se despejó de todo pensamiento. Vi la cara de mi amiga deambulando cerca de mí y supe que acababa de morir. Una voz silenciosa, una impresión del pensamiento, me dijo que ella lo había elegido. Tenía veintisiete años y dejaba atrás tres niños pequeños.

La voz también me dijo que yo podía elegir. Si no me ocupaba directamente de mi salud, moriría antes de cumplir los veintisiete, en menos de cuatro años.

Cuando la luz se desvaneció de mi mente, luché con lo que acababa de experimentar. El episodio no había sido aterrador, pero el mensaje tenía implicaciones aterradoras. Sabía que era Dios quien me había hablado. Lo había sentido muy poderoso e inusual.

Estaba aturdida y triste porque mi amiga había muerto, y el mensaje sobre mi propia salud era claro. Tenía que tomar las riendas de mi salud. Pero, ¿qué significaba eso? ¿Y si no tenía éxito? Si los médicos no sabían qué hacer, ¿cómo podía yo averiguarlo? Si me equivocaba, ¿moriría?

Siempre que surgía cualquier tipo de crisis en mi familia, rezábamos. Eso era lo que hacíamos. Cuando había estado en el hospital a lo largo de los años, se habían formado cadenas de oración por todo el país. Era natural para mí recurrir a la oración cuando ocurría algo que no sabía cómo afrontar.

A la mañana siguiente me levanté decidida a dedicar mucho tiempo a la oración. No sabía por dónde empezar a tomar las riendas de mi salud, de modo que decidí preguntar a Dios qué tenía que hacer. Prometí dedicar tiempo a la oración cada mañana y cada noche. Y le pediría a Dios que me curara. Cuando rezaba, sentía la energía sanadora de Dios rodeando mi cuerpo, hundiéndose en cada célula.

Había mucho en juego. Esta vez quería un milagro: la curación total. Yo creía en los milagros. Sabía que *cualquier cosa* era posible, y por lo tanto era posible que yo me curara, incluso de algo incurable. Mientras esperaba un destello de luz o algo dramático, iba tomando la medicación que los médicos me recomendaban. De ese modo, sentía que estaba haciendo todo lo que podía por mi cuerpo.

Cumplía mi voto y rezaba dos o más veces al día. Entonces empezó a ocurrir algo inusual: empecé a obtener respuestas. Ya había experimentado antes el poder del perdón; ahora me sentía guiada a perdonar a todos y a todo. Repasé mi breve pasado e hice una lista de todas las personas hacia las que tenía resentimientos, así como todas las experiencias por las que debía perdonarme a mí misma. Utilicé la oración y la visualización para ayudarme a perdonar.

La conexión mente-cuerpo no era muy conocida en aquella época, pero aprendí de su existencia y creí firmemente en ella. Mi vida emocional necesitaba atención si quería reducir mi nivel de estrés.

Pasaron días y semanas. Aprendí a meditar. Cambié de dieta. Hice ejercicio. No conseguí la gran curación fulgurante que esperaba, pero me sentía un poco mejor. Cuando más adelante volví la vista atrás, me di cuenta de que Dios me estaba guiando paso a paso.

Inspirada, creé un *collage* de fotos de personas sanas y atléticas, y empecé cada día a mirar las fotos y a imaginarme la sensación de estar saludable y fuerte. Mi médico y yo establecimos una sana colaboración.

Entonces las cosas se pusieron interesantes. Llegaron a mi vida algunos libros que tenían respuestas para mí; se caían de la estantería de la biblioteca o de la librería. Escuché de pasada conversaciones que contenían información importante para mí.

Leí un artículo que decía: "No importa lo lejos que hayas llegado en el camino de la enfermedad, puedes curarte". ¡Este era un pensamiento muy radical! Una frase me llamó la atención: "Si te has negado a ti mismo un deseo, un sueño o un anhelo, tienes que volver atrás y dártelo".

Al mirar dentro, me di cuenta de que me había negado muchas cosas. Me uní a un club de "discos" y empecé a ampliar mi exposición a la música. Me encantaba cantar, pero no lo hacía mucho, y nunca delante de nadie. Aunque me encantaba escuchar la música de los demás, sabía que había música dentro de mí que ansiaba expresar. Ahora quería tocar un instrumento. Lo había intentado antes, aunque no sabía leer música.

Inspirada por el artículo y decidida a recuperar mi salud, volví atrás y aprendí poco a poco algunas canciones en el piano. Eso me hizo feliz. Aprendí a tocar la guitarra y, con el tiempo, empecé a escribir canciones. Siempre había querido tocar la batería, así que aprendí lo básico.

Ya era una consumada fotógrafa de la naturaleza, pero ahora que me estaba expandiendo y descubriendo nuevas facetas de mí misma; tenía un sentido de la belleza más fuerte que nunca. Empecé a traer cosas bonitas a mi espacio y a nutrirme de ellas. Me encantaba el color, así que me rodeé de él.

Siempre me había fascinado la interpretación, pero en mis comienzos un incidente escolar me traumatizó. Ahora volví a considerar ese sueño, perdonando al profesor implicado.

Me presenté a una audición y me eligieron para mi primera obra de teatro en un papel de adulta. ¡Me encantó!

En la escuela también había dado de baja mi amor por el dibujo. Durante este período de curación, cogí un lápiz y empecé a dibujar de nuevo.

Buena parte de lo que me había negado era mi expresión creativa. A lo largo de los meses, me di cuenta de que tenía una gran cantidad de energía creativa que canalizar y disfrutar. Aún no lo sabía, ¡pero era una artista!

Mi intuición se desarrolló y me di cuenta de que tenía bastantes dotes psíquicas.

Seguía rezando todas las mañanas y todas las noches. Me ilusionaba visualizar el bienestar de Dios a mi alrededor y dentro de mí. Unos seis meses después de iniciar este proceso, supe que estaba en remisión. Con la ayuda de mi médico, empecé a dejar la medicación.

¡Me sentía bien! Tal vez no estaba totalmente curada, pero estaba mucho, mucho mejor. Aun así, me sentía confusa. ¿Dónde estaba mi curación milagrosa?

Un día me enfadé con Dios y le grité: "¡Me he presentado ante Ti todos los días durante seis meses con la esperanza de curarme!".

Por supuesto, todo este tiempo había estado esperando que ocurriera un milagro en el momento, como un gran destello de luz que indicara sin lugar a dudas que estaba curada. No había sucedido. ¿Qué ocurría?

Y en ese instante, la luz volvió a llenar mi mente y mi parloteo interno cesó. Oí las palabras: *Si te hubieras curado en un destello de luz, habrías vuelto a recaer. Tenías que cambiar. Esa es la curación.*

Con esto, mi mente y mi cuerpo se llenaron de paz.

La enfermedad de Crohn no ha vuelto a aparecer.

Anne Cederberg

UNA BREVE OBSERVACIÓN DE NEALE...

Este comentario de Anne nos aporta un dato interesante que no se encuentra en ninguna de las otras experiencias que hemos escuchado hasta aquí: cuando prestamos atención y damos energía a lo que nos produce alegría y nos abre a la creatividad —cantar, actuar, tocar el piano o la batería, la fotografía, la carpintería, la jardinería, o producir delicias culinarias— cambiamos la energía dentro de nosotros, proyectando la *creatividad misma*. La creatividad puede extenderse a otras áreas de nuestra experiencia y ayudarnos a crear resultados positivos y soluciones a los problemas de la vida.

Esto arroja luz sobre la conexión mente/cuerpo, que forma parte de nuestro viaje aquí en la Tierra. Esa conexión puede desempeñar un papel importante en nuestra colaboración y comunicación con lo Divino. Cuando la mente y el cuerpo se expresan como uno solo, están ante la puerta de entrada a lo Divino.

Añade el poder de la oración, que Anne empleó con propósito e intención, y el alma se une a la mente y al cuerpo en comunión con Dios. No me sorprende que a esto le siguiera su curación física.

Del terror a la confianza

Cuando los facilitadores del taller de crecimiento personal me preguntaron qué esperaba obtener del fin de semana, ya sabía la respuesta. Deseaba desesperadamente liberarme del miedo.

Tenía miedo de lo que pudieran pensar y hacer los demás. Evitaba los conflictos.

Perder una relación me aterrorizaba. Temía ser diferente y hacer el ridículo. La gente me había traicionado tantas veces que tenía miedo de confiar.

Sobre todo, tenía miedo de mi miedo.

Los facilitadores nos pidieron que nos comprometiéramos a cuatro cosas: a no mascar chicle, a no interrumpir, a ser puntuales y a hacer lo que ellos nos dijeran.

No tenía ningún problema con las tres primeras peticiones, ya que nunca mascaba chicle y no solía hablar delante de extraños. Ser puntual era importante para mí. Pero ese último requisito...

La historia me había enseñado que algunos humanos habían ordenado a otros humanos violar, saquear, robar y matar. Tenía un conflicto. Realmente quería aprender a soltar mi temor, pero no quería prometer que obedecería.

Pero temía ser diferente y perderme el taller, que ya había pagado. Así que, a regañadientes, dije que sí.

Mi decisión me atormentó toda la semana mientras esperaba a que empezara la segunda semana del taller. Sabía que los facilitadores volverían a exigirme los mismos cuatro compromisos. ¿Iba a ceder de nuevo y aceptar? Entonces decidí: "No, no lo haré".

Pero me daba miedo.

Durante las noches que pasé en vela, me preocupaba esta decisión. ¿Qué dirían los facilitadores? ¿Cómo actuarían los demás participantes? ¿Cómo debía prepararme? Mis "y si..." me atormentaban.

Afortunadamente, había pasado varios años en Nar-Anon, un grupo de apoyo para familiares y amigos de adictos. Nar-Anon me había enseñado que la única persona a la que podía arreglar era a mí misma, y que necesitaba la ayuda de un poder mayor que yo misma. Nar-Anon me había sugerido que "soltara y dejara hacer a Dios".

No me gustaba esa palabra, "Dios". Siempre me había considerado una intelectual agnóstica. "Dios" me hacía pensar en un anciano de larga barba blanca, sentado en una nube de truenos con un rayo en la mano, esperando para matarme si desobedecía alguna regla que ni siquiera entendía.

Me gustaban las palabras "un poder más grande que yo misma" pero, fuera lo que fuera, no me había ayudado a lidiar con mi terror. Sentía que no podía hacer esto sola, y no tenía tiempo para enredarme en sutilezas semánticas.

Una noche, me arrodillé en el suelo del salón y supliqué: "¡Dios, ayúdame!".

De repente, una calma magnífica inundó mi cuerpo.

De algún modo, supe que juntos podíamos lograrlo.

Comenzó el segundo taller. Tal como esperaba, los facilitadores nos pidieron que asumiéramos los cuatro compromisos. Me negué a hacer lo que me dijeran.

La sala se volvió hosca. Los facilitadores nos dijeron: "¡Este taller no continuará hasta que todo el mundo esté de acuerdo". Luego se marcharon, dejándome sola con un furioso grupo de participantes.

Todos estaban en desacuerdo con mi decisión. Bill había sacado tiempo libre del trabajo para asistir al taller. Jane estaba pagando a una niñera para poder participar. Raymond golpeó la mesa con el puño. Mary me gritó a la cara. John me llamó "zorra poco colaboradora". Sin embargo, no sentía nada más que compasión y amor hacia ellos.

Los facilitadores volvieron y me pidieron que abandonara el taller, así que lo hice. Ya no importaba. Había recibido exactamente lo que necesitaba: la liberación del miedo.

La experiencia del taller me enseñó valiosas lecciones de conciencia.

En primer lugar, me di cuenta de que había dos niveles de conflicto. Externamente, me enfrentaba a facilitadores que exigían que me adhiriera a sus reglas, y a los demás participantes, que se enfadaban si me negaba a aceptarlas. Internamente, había estado en conflicto conmigo misma. No podía dormir, tenía los músculos tensos y mi cuerpo temblaba.

Pero no bastaba con ser consciente de mis mundos interno y externo. Tuve que tomar la decisión consciente de desvincularme emocionalmente de los problemas de control de los facilitadores y de la ira de los participantes, y no dejarme absorber en sus problemas. Tenía mi propio terror con el que lidiar, que ya era suficiente.

Al tomar la decisión consciente de pedir ayuda a un poder superior, devolví mi mente al momento presente y a lo que necesitaba arreglar en mí misma. Simplemente elegí confiar en que un poder superior a mí podía ayudarme, y otros seres humanos traumatizados no podían.

Me di cuenta de que, al principio, me había centrado en mi mundo externo y en lo que otros podrían hacer en el futuro. Pero al centrarme en los demás y en el futuro, estaba renunciando a mi propio poder en el momento presente. En cuanto empecé a enfocarme en lo que podía hacer aquí, ahora mismo, recuperé mi poder personal.

Cuando recuperé mi poder y después elegí pedir ayuda a un poder mayor que yo, mi miedo se desintegró.

Para averiguar cuál sería mi siguiente paso, tuve que hacerme las preguntas adecuadas: "¿Qué pienso? ¿Qué siento? ¿Qué necesito? ¿Cómo puedo conseguir lo que necesito sin herir a los demás?".

En la situación del taller, había estado en conflicto. Necesitaba ayuda para soltar el miedo, pero no quería pedirla, sobre todo a Dios. Sin embargo, cuando finalmente se la pedí, obtuve inmediatamente lo que necesitaba, sin herir a los demás.

Al decir que no a la cuarta regla, también ayudé a los demás participantes. Se habían centrado en lo que yo decía y hacía. Temían perder su valioso tiempo y dinero. Algunos estallaron de rabia. Todos intentaron controlarme y manipularme.

Más tarde, un amigo me dijo que pasaron el resto del fin de semana examinando su conducta hacia mí.

Doctora Janet Smith Warfield

UNA BREVE OBSERVACIÓN DE NEALE...

Creo que la gran lección de esta historia —el *enorme* mensaje, si se me permite una palabra efusiva— es que, como dice Janet, "hacer la elección consciente de pedir ayuda a un poder superior" puede ser un gran punto de inflexión en nuestro proceso personal a medida que afrontamos los retos que nos presenta la vida. Pone el énfasis energético donde sin duda nos aportará el mayor beneficio, permitiéndonos —de nuevo utilizando las palabras exactas de Janet— "confiar en un poder más grande que yo misma", en lugar de ceder ese poder a los seres humanos traumatizados que nos rodean.

Al orientarnos en una dirección diferente cuando necesitamos ayuda para generar un cambio, podemos cambiar nuestro entorno emocional interno. A continuación, podemos sentir paz donde había agitación, seguridad donde había esperanza ansiosa, y serenidad donde había inseguridad. Y *eso* puede producir un cambio importante en nuestra realidad exterior.

Este relato de la interacción de una persona con Dios es más de lo que parece. Empujar de vuelta a las personas que quieren empujarnos en un taller de crecimiento personal puede parecer el menor de los retos de la vida. Pero lo que comparte Janet es un gran recordatorio del poder más inmenso que hay en la vida. Nos invita a reclamar *nuestro* poder en *cada* situación, así como nuestra conexión y acceso directo al poder superior de lo Divino... que existe dentro de cada uno de nosotros.

Cuando adquirimos la confianza, la habilidad y la determinación para usar ese poder sin herir a los demás, como explica Janet, nos hacemos capaces de soltar nuestros miedos. ¡Qué fabuloso mensaje de lo Divino!

Vivir un milagro

En otoño de 2020, noté una pequeña hinchazón en el antebrazo izquierdo de mi hijo. Estaba segura de que se trataba de otra picadura de insecto, así que le apliqué crema antialérgica y le di un medicamento para la alergia. Cuando la hinchazón no disminuyó de tamaño, empecé a preocuparme.

El pediatra de nuestra ciudad rumana nos aconsejó que le hiciéramos escáneres y análisis de sangre. Los análisis de sangre salieron normales, pero los escáneres mostraban inflamación, probablemente una inflamación ganglionar, y nos dijeron:

—Pero deberías hacer una biopsia para asegurarte de que no es nada más grave.

Biopsia era una palabra seria y aterradora. De repente, todos a nuestro alrededor parecían estar preocupados.

Nuestra segunda opinión, de un prestigioso hospital pediátrico de Francia, era que tenía la enfermedad por arañazo de gato. *¿Fiebre por arañazos de gato?* Sí, tenía sentido. Mi hijo jugaba con gatos por la calle. Pero esos doctores también recomendaron una biopsia, para descartar el peor escenario. Mis instintos me decían que podría ser algo mucho peor.

Decidimos que, mientras esperábamos los resultados de la biopsia, haríamos nuestra visita anual a la familia en Florida. La biopsia fue traumática para nosotros dos, y dejó una gran herida. Pero nos animamos esperando realizar el viaje que nos alejaría del duro invierno rumano.

Durante el vuelo, mi hijo empezó a quejarse de fiebre y dolor en ambas piernas. Cuando aterrizamos, lo llevamos al hospital. Los médicos de urgencias lo enviaron a un hospital pediátrico cercano, donde le diagnosticaron un rabdomiosarcoma de nivel 4. Un cáncer agresivo del tejido muscular que se había extendido a los ganglios linfáticos.

El pronóstico era malo; solo tenía una tasa de supervivencia del 20 al 30 por ciento. Recibimos la noticia el día en que mi hijo cumplía cinco años. Al día siguiente, los cirujanos le implantaron un puerto y recibió su primer tratamiento de quimioterapia.

Todo fue muy rápido. Yo estaba desolada. "¿Por qué me haces esto a mí y a mi hijo?", le pregunté a Dios. "¿Por qué nos castigas?".

No oí ninguna respuesta. De todos modos, no podía escuchar.

Ya nada tenía sentido. Mis creencias religiosas, percepciones y logros, sentía que ahora todo era inútil. Alimentaba a mi familia con comida orgánica. Era maestra de reiki y tenía un mentor espiritual. Intentaba encontrarme con Dios de muchas maneras, pero ahora Él había desaparecido.

El plan de tratamiento del oncólogo era intenso: cincuenta y cuatro ciclos de quimioterapia, radioterapia y cirugía, más seis meses de tratamiento de mantenimiento. Me dijo que un adulto no podría soportar este régimen durante más de cuatro meses y Ayan era solo un niño.

Ayan empezó el tratamiento inmediatamente y fue horrible. Ansiaba volver a casa, a Rumanía, pero teníamos que seguir con este régimen brutal para tener las máximas oportunidades de salvarle la vida.

Cuatro meses después, el tumor era considerablemente más pequeño. Era el momento de extirparlo quirúrgicamente.

—¿Puede curarle esta operación? —le pregunté al cirujano.

—Sí —respondió—. Se puede curar.

Como parte del viaje de curación de mi familia, habíamos decidido ver cada nuevo acontecimiento como "una llamada a despertar y no como una sentencia de muerte". Cambiaríamos lo que fuera necesario: incluso nuestras creencias, comportamientos, valores, prioridades y motivaciones para vivir.

En mayo, durante la operación de Ayan para extirpar el tumor residual, los cirujanos descubrieron que le habían cortado el nervio cubital, posiblemente durante la biopsia rumana. Lo sustituyeron por un nervio extraído de la pierna y empezamos sesiones de terapia ocupacional para fortalecer el brazo.

Quedaban más tratamientos por delante. En septiembre, los médicos empezaron las sesiones de radiación, además de la quimioterapia, que dejaban a Ayan dolorido y agotado. A veces, necesitaba alimentación por sonda y recibía muchas transfusiones de sangre y plaquetas. Mi marido había vuelto a Rumanía, y regresaba a visitarnos cada pocos meses. Seguíamos teniendo el apoyo de la familia y de nuestro brillante equipo médico.

Teníamos a Dios en todas Sus formas.

Empecé a formarme en terapias alternativas, como meditaciones curativas, *tapping,* medicina energética chamánica y sanación con sonido. ¡Mi hijo estaba entusiasmado de practicar conmigo! Creo que estas terapias ayudaron a su pequeño cuerpo a soportar los tratamientos médicos tradicionales. Sentí que estas modalidades de sanación activaron una nueva conexión entre el Gran Espíritu y yo, cambiándome desde dentro.

Finalmente, estábamos preparados para volver a Rumanía a fin de estar con mi marido. Amábamos nuestro hogar allí, y teníamos muchos planes: redecoraríamos la casa y adoptaríamos mascotas. ¡Era tan emocionante! Hicimos las últimas exploraciones, reservamos los vuelos y nos preparamos para irnos.

Entonces nos llamó el médico con noticias alarmantes.

—Anca, vemos algo extraño en el antebrazo de tu hijo. Tenemos que hacerle una biopsia. Lo sentimos, pero todavía no podéis salir de EE.UU.

Sentí esas palabras como un cuchillo en el corazón. Me arrodillé y le dije a Dios:

—He hecho todo lo que sabía para apoyar el viaje de curación de mi hijo. Por favor, quítame todo lo que siento, toda mi pesadez y desesperación. Dime qué hacer. Que se haga tu voluntad.

Unos minutos más tarde, sola en la ducha, oí una voz que decía: *Lleva a tu hijo a su lugar favorito y haz solo lo que te haga feliz, nada más. Cuando tengas emociones negativas, entrégamelas. Yo me ocuparé de ellas.*

De repente, sentí una nueva energía dentro de mi cuerpo. Reservé unas vacaciones en los Cayos de Florida, el lugar favorito de mi hijo. Estaba muy contento. Puso sus manos sobre su corazón, cerró los ojos y le preguntó a Dios:

—¿Estoy sano? ¿Qué hay dentro de mi antebrazo que hace sospechar a los médicos?

Luego, mirándome, me dijo:

—Mamá, hay dos manchas, pero no son importantes. Estoy bien.

Decidí confiar en él. Estaba orgullosa de él, pero seguía muy asustada.

Lo pasamos muy bien en los Cayos. Muchas veces al día, entregué todas las emociones negativas que intentaban paralizar mi cuerpo. Respiraba conscientemente, inhalando luz y exhalando densidad. Cada vez que lo hacía, me sentía más tranquila.

Después de esas hermosas vacaciones, fuimos al hospital para hacer un seguimiento del antebrazo de mi hijo y nos dieron la noticia: "No se trata de una recaída. Solo estábamos viendo los injertos del nuevo nervio que pusimos allí. Ayan, puedes volver a casa. Te echaremos de menos".

¡Qué sensación! Ese momento volvió a cambiarme. Una nueva transición. Una nueva vida.

Antes de Navidad, estábamos de vuelta en Rumanía con nuestro gato británico de pelo corto, nuestros periquitos y un hámster salvaje, volviendo a vivir la vida como el milagro que es.

Anca Radu

UNA BREVE OBSERVACIÓN DE NEALE...

Sí, las palabras te vienen a la cabeza cuando menos te lo esperas, mientras te duchas, cargas el lavavajillas o cortas el césped. Cuando estás "en automático", haciendo cosas sin prestar mucha atención, tu mente no te obstaculiza. El espacio está abierto, la tableta en blanco, la pizarra vacía. La experiencia de Anca es un poderoso recordatorio de que, con frecuencia, estos son los momentos en los que la voz de la Divinidad se puede oír más alta y clara.

Para mí, ¡aquí hay dos mensajes! El primero es: *crea* esos momentos, a pesar del ajetreo de tu vida cotidiana. Dedica tiempo a estar *a propósito* "fuera de tu mente". Tómate un momento en la ducha, como hizo Anca, mira por la ventana o da un paseo. Hazlo dos o tres veces al día. Crea el espacio para que Dios te susurre, y para que tu alma amplifique lo que Ella te dice. Te sorprenderá la sabiduría que Dios te envía.

¿El segundo mensaje? Cuando ocurren esos momentos sin crearlos deliberadamente —cuando surgen en el orden natural de las cosas—, *no vuelvas inmediatamente a lo que estabas haciendo.* Regálate un breve respiro. Tu mente no se ha aquietado sin motivo. Tu vida no se ha detenido sin un propósito. Dios habla en el espacio entre tus pensamientos.

Cuando le digo a la gente que he tenido conversaciones con Dios, algunos me han dicho:

—¿Qué dices? ¿estás loco?

Mi respuesta siempre es:

—Sí.

Mi ángel George

Hace algunos años, asistí a un taller médico para mejorar mi capacidad de ayudar a empoderar a mis pacientes de cáncer y acelerar su recuperación. Una de las estrategias que se nos enseñaron eran las imágenes guiadas.

—Cierra los ojos y visualiza lo que describo —dijo el instructor.

Yo no creía en lo que decía, así que me quedé mirándole hasta que se dio cuenta de que no seguía sus instrucciones. Entonces cerré los ojos para que pensara que estaba haciendo lo que él decía. A partir de ahí, las cosas se pusieron interesantes.

Soy un artista y una persona visual, y de repente pude ver todo lo que se nos había dicho que visualizáramos.

—Camina por un sendero y encuentra a tu guía interno —dijo el líder.

Me imaginé que aparecería Jesús, Moisés o Maimónides, pero en lugar de eso, apareció un tipo barbudo con gorra y una túnica blanca de aspecto espiritual...

Y dijo:

—*Me llamo George.*

La imagen me resultó un poco decepcionante, pero aun así me parecía interesante. Después de eso, de vez en cuando George aparecía en mi mente y me hablaba. Me daba instrucciones sobre mi vida, desde lo que debía ponerme hasta cómo afrontar los acontecimientos de la vida.

Un día, cuando estaba a punto de ir al hospital donde mi padre se estaba muriendo, George me hizo una pregunta: *¿Cómo se conocieron tus padres?*

"No lo sé", pensé.

Pues pregúntaselo a tu madre cuando llegues al hospital.

Así lo hice y me enteré de que papá llevó a mi madre a su primera cita porque perdió un cara o cruz. Mi madre también me contó otras anécdotas graciosas sobre papá.

Aunque estaba en coma, sentí que papá podía oírla regalándome estas historias. Empezó a sonreír y tenía un aspecto maravilloso.

"Tal vez sobreviva un poco más", pensé. Pero cuando llegó el último miembro de la familia, papá dio su último suspiro.

Después de eso, confié en los consejos de George para todo.

Me di cuenta de que mis conferencias también eran más espontáneas. Una noche, mientras estaba dando una conferencia, dejé de prestar atención a mi esquema y dejé que las palabras fluyeran por sí mismas. Una mujer se me acercó después y me dijo:

—Te he oído hablar otras veces y esta noche has estado mejor que de costumbre.

Le di la razón.

Otra mujer se acercó y me dijo:

—Enfrente de ti, durante toda la conferencia, había un hombre, así que lo he dibujado.

Era George.

A partir de esa noche, dejé que George hiciera las cosas.

He aprendido que George es mi ángel de toda la vida. Me salvó cuando, a los tres años, me atraganté con un juguete y casi me muero. Me ayudó cuando me caí del tejado y me sacó de algunos terribles accidentes de coche.

Ahora me considero *su* instrumento. Igual que el televisor transmite los programas pero no los crea, en esta vida yo soy el que habla, pero George escribe el guion.

Dr. Bernie Siegel

UNA BREVE OBSERVACIÓN DE NEALE...

Me encanta esta historia porque describe que la visualización puede ser un recurso potente. Bernie nos cuenta que vio a un ángel cuando le guiaron para que cerrara los ojos y se viera caminando por un sendero. El poder de la sugestión es muy importante aquí. A Bernie no se le dijo que visualizara específicamente a un ángel, sino que se encontrara con su "guía interno". Bernie hizo el resto aislándose del mundo exterior, invitando a su mente a hacerse a un lado y creando el espacio para el guía que estaba esperando y deseando aparecer.

La Divinidad está en comunicación con nosotros todo el tiempo, literalmente, en cada momento. La mejor manera de recibir los mensajes —cualesquiera que sean las imágenes, eventos y comprensiones que Dios nos invita a abrazar— es darnos ese tipo de "descanso" mental. Me referí a esto en mi observación anterior.

Sé un ángel para ti mismo. No pierdas la oportunidad de entrar en estos momentos dorados, y no ignores o rechaces los mensajes que Dios te envía pensando que son "solo tu imaginación". Como he sugerido una y otra vez, *presta atención*. Cuando lo hagas, ya no necesitarás estar "en tensión" en tu vida.

Podría, por supuesto, estar equivocado con respecto a todo esto. Pero creo que no.

Los retos nunca terminan

Parte de mí imaginaba —después de tener nueve libros de mis diálogos con Dios escritos, publicados y distribuidos— que "mi trabajo", tal como Dios lo describió, se había completado. Entonces, tal vez entendáis mi sorpresa cuando me encontré con que un insistente sentimiento interno de que había más que hacer me sacó de un sueño profundo poco después de las cuatro de la mañana del 2 de agosto de 2016.

No sabía qué podía ser, pero sabía que tenía que hacer *algo*. Este sentimiento, la llamada interna, no podía ser ignorado, y yo sabía que, a pesar de lo temprano que era, no podía acostarme y volver a dormir. Así que me quité las sábanas de encima, salí de la cama y me dirigí al estudio. Me senté en la silla, abrí el portátil y me quedé mirando la pantalla. Una vez más me quedé congelado en ese momento en el que sabía que quería escribir algo, pero no sabía qué.

Sabía que volvería a escribir en algún momento de mi futuro próximo: una columna en el *Huffington Post*, un blog para

CWGConnect.com, un email en respuesta a la pregunta de un periodista, una entrada en Facebook, una respuesta a alguna pregunta publicada en mi columna en línea *Pregúntale a Neale*, incluso un libro completo solo con mi voz, explorando los mensajes que había recibido. Algo.

Pero ¿otra conversación sobre el papel con Dios? ¿Otro diálogo de ida y vuelta con una deidad? Pensé que esos días habían terminado. Pensé que el proceso se había completado.

Me equivocaba.

Lo que parecía que iba a ser otro gran coloquio comenzó a fluir a través de mí. Y efectivamente, acabó siendo el noveno libro de la serie de *Conversaciones.* El editor lo llamó *Conversaciones con Dios-Libro 4*, porque era el cuarto libro con el mismo título de tres palabras, como el del trío inicial de libros de la serie.

Desde aquel momento en mitad de la noche en que el libro vino a ser, he llegado a abrazar plenamente la verdad de que siempre hay más por hacer, sea cual sea el trabajo de la vida de una persona. Los retos en *cada* área de la vida nunca terminan. Las invitaciones a hacer "el trabajo" que el alma vino a hacer aquí nunca dejan de llegar.

Justo cuando pensamos: "¿Cuánto más puede hacer falta para despertar del todo?"; la vida nos dice: *Me alegra que preguntes. Echa un vistazo a esto...*

Entonces te descubres afrontando un momento importante en el que tienes que decidir quién eres y quién eliges ser... una vez más.

Este es "el trabajo" del que estamos hablando aquí, por supuesto. En realidad, no es trabajo en el sentido de ser laborioso o esforzado, sino que es más como el trabajo gozoso de hacer cualquier cosa con la que disfrutes plenamente, mientras te esfuerzas por alcanzar nuevos niveles de excelencia.

¿SE PUEDE MEJORAR LO "MEJOR"?

En mis escritos previos ya he contado la historia de mi padre y sus tartas de manzana. Mi padre hacía las mejores tartas de manzana del país, sin duda las mejores del condado. Pero, en realidad, no era cocinero. No podía hacer una hamburguesa sin quemarla. Sin embargo, de una manera u otra, encontró la manera de hacer unas tartas de manzana sorprendentemente buenas.

Como quiera que lo hubiera aprendido, sabía hacer las tartas con la cantidad justa de manzanas troceadas, mantequilla, azúcar, azúcar moreno, canela, nuez moscada y zumo de limón, todo ello envuelto en una corteza de tarta tan ligera y sabrosa que casi se te caía del tenedor.

Mi padre hacía esas increíbles tartas de manzana tres veces al año: en Acción de Gracias, Navidad y el 4 de julio. Cuando se corría la voz de que había terminado un lote de tartas, un montón de parientes y amigos de papá venían por casa, pidiendo una. Hacía diez o quince de ellas de un tirón, expropiando felizmente la cocina durante la mayor parte del fin de semana.

Un año, cuando yo tenía quince o dieciséis años —no recuerdo qué mes era, pero sé que fue un sábado por la mañana—, el aroma de la tarta de manzana empezó a llegar a mi habitación. Bajé las escaleras y pregunté:

—Hola, papá. ¿Qué haces?

Me contestó:

—Estoy haciendo tartas.

—Pero solo las haces tres veces al año. Cuatro de Julio, Navidad y Acción de Gracias. ¿De qué va esto?

—Estoy probando una nueva receta.

—¡Una receta nueva! ¿Por qué estás probando una nueva receta? ¡Haces las mejores tartas del mundo! No hay nada que sea mejor que lo mejor.

Papá sonrió como si supiera algún secreto, y así era.

—Oh, sí que puedes —dijo—. Quiero ver si puedo hacer que lo mejor sea "aún mejor".

Obviamente, esto no le parecía un "trabajo". Ahora bien, otra persona que hubiera entrado en la cocina y hubiera visto todos los utensilios, aparatos de medición, harina por todas partes, la mantequilla, el azúcar, la canela y la nuez moscada, con las manzanas por doquier, esperando a ser peladas y cortadas, podría haberlo llamado trabajo. Pero, para mi padre, era pura alegría.

Ese día aprendí de mi padre que, por el simple hecho de que algo requiera mucho trabajo, no significa que tenga que ser arduo u oneroso. Y tal como mi padre lo entendía con respecto a sus tartas, no se trata de hacer las cosas bien. Él ya las hacía bien. Pero nuestra definición humana de "lo mejor" se amplía cuando nos da alegría hacer algo bien. Es algo muy natural.

Espera. Hay una palabra mejor. No es solo *natural,* en realidad es *orgánico.* Lo llevamos *incorporado* a nivel celular. Cuanto más hacemos, más queremos hacer. Cuanto más lejos vamos, más lejos queremos ir. Cuanto más alto volamos, más alto queremos volar. Cuanto más comprendemos, más queremos comprender.

Y cuanto más despiertos estamos, más despiertos queremos estar.

LAS INVITACIONES CONTINÚAN

Este es el proceso por el que evolucionamos. De hecho, en uno de mis diálogos con Dios se me dijo que el *propósito* de la vida es *recrearnos a nosotros mismos de nuevo*, alcanzando continuamente la versión siguiente y más grandiosa de la mayor visión que jamás hayamos tenido con respecto a quiénes somos.

Y me sorprendió enterarme, muchos años después de la publicación del primer libro de *Conversaciones con Dios* —y tras dos décadas de compartir sus mensajes por todo el mundo— de que mi trabajo no había terminado.

Durante esos años nunca había dejado de tener breves intercambios privados con la Divinidad sobre asuntos personales, incluso cuando creía que mis diálogos de un libro de duración para consumo del público eran cosa del pasado.

Así que la sensación de urgencia que me invadió en las horas previas al amanecer del 2 de agosto de 2016 hizo algo más que despertarme de un sueño profundo. Me despertó de lo que ahora describo como una "pausa de conciencia" temporal, durante la cual no podía ver que había más por hacer. Mi invitación a seguir trabajando con otras personas en el mundo no había sido retirada.

Y ahora puedo decir que la invitación tampoco se te ha retirado a ti.

Puede que tú también sientas que ya has afrontado tu cuota de retos existenciales, que ya has resuelto los problemas que te tocaban y superado tu parte de dificultades. Puede que pienses que has hecho tu parte, de muchas maneras positivas, para ofrecer apoyo a los demás. Pero eso no significa que tus invitaciones hayan llegado a su fin.

De modo que, si te despiertas alguna mañana del futuro y te encuentras ante otro momento así, considéralo una oportunidad para hablar con Dios y determinar cómo puedes incorporar este último giro al camino de tu vida, sin que te desvíe de él.

Estás preparado para ello, te lo prometo. Has *venido* aquí para experimentar el crearte a ti mismo al más alto nivel, y hasta ahora lo has hecho maravillosamente. Estás listo para el siguiente reto.

Todos estamos haciendo el mismo trabajo, cada uno a nuestra manera. Y ese trabajo debe ser una *alegría*, no un deber. En el verdadero sentido de la palabra, *te espera una labor de amor*, que te abrirá a una experiencia plena de ti mismo aún más extraordinaria que todas las veces pasadas en las que has ofrecido maravillosas expresiones de quién eres.

Espera que te lleguen retos. Permítete sentirte agradecido por ellos. El movimiento dentro de esa energía —por muy contraintuitivo que parezca— puede ser justo el cambio que necesitas. Esos retos podrían ser todo lo que necesitas para capacitarte a crear la próxima gran versión de la mayor visión que jamás hayas tenido de ti mismo.

Hay algunos consejos y herramientas que pueden ser útiles en este cometido.

Vienen a continuación, en la tercera parte. A ver qué te parecen.

Neale Donald Walsch

TERCERA PARTE

Juntándolo todo

Hay más cosas en el Cielo y en la Tierra, Horacio, que las que se sueñan en tu filosofía.

—William Shakespeare

Herramientas para abrir tu comunicación con Dios

De acuerdo, reunamos todo lo que hemos dicho sobre estas extraordinarias ideas, para que puedan ser *utilizadas* y tengan un *efecto* maravillosamente beneficioso en tu vida.

Tener conversaciones con Dios no es tan difícil como la idea puede parecer a primera vista, pero es mejor comenzar con una comprensión clara de lo que estos términos significan exactamente.

Como señalé en la primera parte de este libro, algunas personas sienten que *rezar* es tener una conversación con lo Divino. Sin embargo, a menudo rezar no es un encuentro que vaya en las dos direcciones. La mayoría de las personas con las que he hablado dicen que experimentan la oración como el fervoroso envío de un mensaje a un poder superior. Puede ser una súplica o una palabra de agradecimiento, pero rara vez constituye una "conversación" tal como entendemos la palabra. Es más bien un monólogo.

El diccionario define *conversación* como "una charla, especialmente una informal, entre dos o más personas, en la que se intercambian noticias e ideas". Esta es exactamente la experiencia que tuve inicialmente con Dios a partir de la primavera de 1992, y de la cual conservé un registro escrito durante los años posteriores. Muchas de las ideas que se intercambiaron me hicieron frenar en seco, pues contradecían lo que se me había enseñado o había oído sobre la vida.

Esto también te puede ocurrir a ti, no solo la conversación, sino las contradicciones. Así que prepárate para sorprenderte. No esperes que tus interacciones con lo Divino siempre confirmen o dupliquen lo que crees que ya sabes o aquello en lo que crees firmemente. Podría salir así en algunos casos, pero en otros puede que se te invite a reflexionar sobre algo que nunca habías pensado o imaginado.

Dicho esto, por favor permíteme recordarte que las comunicaciones de la Divinidad nunca animan o invitan a acciones negativas que puedan herir, lastimar o dañar a otros.

Me han preguntado muchas veces cómo puede uno tener sus propias conversaciones con Dios, y por eso he estudiado cuidadosamente mi propia experiencia. He llegado a un proceso informal que espero ayude a otros.

ACEPTA LA POSIBILIDAD

El primer paso consiste en considerar como una posibilidad la existencia de Dios. A este le llamo el primer paso: la posibilidad. No puedes hablar con alguien que no esté allí. No puedes conversar con alguien que ni siquiera crees que existe, y muchas personas —me refiero a *millones*— no creen en un poder superior. En torno al 15% de la raza humana rechaza la noción de un ser supremo.

Supongo que no eres uno de ellos, o no estarías leyendo este libro. Pero he aprendido a no asumir nada. Podrías ser un ateo que se pregunta si tiene razón en serlo y has venido aquí movido por la curiosidad de conocer la experiencia de otros. O podrías ser una persona que ha estado "en la indefinición" durante años y estás buscando un empujón que te lleve en una dirección u otra.

Así que voy a arriesgarme a sonar un poco simplista y repetir que el primer paso consiste en creer firmemente —y quiero decir *firmemente*— en la Divinidad.

Una vez que estés de acuerdo contigo mismo en que Dios existe, puedes pasar a una segunda posibilidad, que a menudo es un poco más difícil de aceptar incluso para los que creen en Dios. Debes creer que los seres humanos pueden tener una comunicación bidireccional con esta esencia divina.

Esto se extiende a aceptar que tales intercambios bidireccionales no solo son *posibles*, sino que están ocurriendo ahora mismo, *y siempre* han ocurrido en la experiencia de la humanidad.

ACEPTA TU VALÍA

El segundo paso para tener tu propia conversación con Dios es incluirte a ti mismo en el círculo de los que consideras *dignos* de tales experiencias. Por eso lo llamo el segundo paso: ser digno.

Mucha gente ya cree que los humanos han tenido conversaciones con Dios.

Moisés dijo que las había tenido, y muchos le creyeron. Los mensajes que recibió han formado la base de toda una religión. Jesús dijo que hablaba directamente con Dios, y muchos han aceptado su palabra. Los mensajes que recibió también han formado la base de toda una religión. Mahoma —bendito sea su santo nombre— dijo que había sido inspirado directamente por Dios, y muchos aceptaron su palabra. Los mensajes que recibió también han formado la base de toda una religión.

Hildegarda de Bingen ha sido reconocida desde la Edad Media como una mística y visionaria que escribió la obra moral más antigua que se conserva, *Ordo Virtutum.* Joseph Smith dijo que un ángel lo condujo a unas planchas en las que estaban grabados mensajes que venían directamente de Dios. Esos mensajes también han formado la base de toda una religión.

Baha'u'llah se sintió inspirado por lo Divino, y muchos le creyeron. Los mensajes que recibió han constituido la base de otra religión completa. Teresa de Ávila fue canonizada por la Iglesia católica después de haber experimentado y escrito sobre una vía para que la gente común llegara a la unión mística con Dios.

Así que millones de personas ya han reconocido que *algunos* seres humanos han tenido precisamente este tipo de experiencias. ¿Por qué, entonces, no podríamos tenerlas nosotros?

Tal vez porque pensamos que esos otros seres humanos de alguna manera son más especiales que nosotros. Son más santos o más sabios. O pensamos que son más puros o más *algo*. Son algo que nosotros no somos.

Pero el hecho es que no son *nada* que nosotros no seamos. Así que el segundo paso del proceso que lleva a tu propia conversación con Dios es reconocer tu valía, que eres tan digno como cualquier otro de que Dios te hable.

ESTAR LISTO, DISPUESTO Y CAPAZ

El tercer paso en el proceso es llegar a una actitud de estar dispuesto a recibir tales comunicaciones, y eso debe manifestarse en comportamientos que *demuestren* esa disposición. Yo lo llamo el tercer paso: estar dispuesto.

Por ejemplo, cada día dedico unos minutos a la contemplación serena. No sigo viviendo mi vida como si no tuviera tiempo para la contemplación. Demuestro que estoy dispuesto a recibir esas comunicaciones de Dios, reservando y organizando el tiempo suficiente para que ocurran y creando en mi entorno las condiciones que lo permitan. Me levanto por la mañana y me esfuerzo mucho por pasar un rato tranquilo pensando y escribiendo antes de ponerme a hacer cualquier otra cosa.

Algunos días también puedo meditar en mi lugar de trabajo. No hace falta ir a una habitación especial, sentarnos y encender una vela o poner una música especial para meditar. Está bien hacerlo, pero no es obligatorio. Podemos meditar en cualquier sitio. Puedes meditar justo donde estés cuando decidas hacerlo. Tumbado en la cama nada más despertarte. Sentado en la cocina mientras preparas el café. De pie bajo un arco iris después de un chaparrón de verano.

Y la meditación no tiene por qué tener un aspecto determinado. Puede ser como una observación suave o puede consistir en pensar, pero pensar desde el nivel del *alma*, no desde el nivel de la mente. En realidad, no se trata de pensar, sino de "traer" la sabiduría desde *otro nivel* de la vida. A ese nivel lo llamo "Dios".

Cualquiera que sea el aspecto que tenga para ti, dedica algo de tiempo sereno dentro de tu rutina diaria, y te sorprenderá lo fácil que es estar en comunión con lo Divino.

En mi caso, no hago lo mismo todos los días, pero me doy tiempo cada mañana para estar a solas con mi alma. Si me salto ese tiempo por la mañana —si la vida no me permite tener ese tiempo en un día determinado— entonces me aseguro de encontrar *algo* de tiempo durante ese día para detenerme y concederme aunque sean diez segundos de paz.

Esto es lo que yo llamo "detenerse a meditar".

Es cuando detienes todo lo que estás haciendo, por diez benditos segundos, y no haces nada..., no dices nada..., no *piensas* nada. Simplemente *sé*.

Puedes hacer que esto ocurra en cualquier momento. Puedes detenerte mientras vas caminando por la calle, mientras lavas los platos o, a veces, cuando estás escribiendo en medio de una fra…

Lo que acabo de describir no es habitual, y me entristece. La mayoría de la gente vive su vida y dan un descanso a su mente una o dos veces al mes. Se inspiran, leen un libro, y piensan

"¡voy a intentarlo!", pero después de tres días, lo dejan y vuelven a la "vida normal".

Sin embargo, si esto se convierte en una parte habitual de la vida habitual —si reservas un tiempo cada día para estar en comunión con tu alma—, después de unos días, te darás cuenta de que estás teniendo estas "conversaciones con Dios" de las que me has oído hablar.

Dios comulga con nosotros en los espacios *entre* nuestros pensamientos, no durante los pensamientos mismos. O mejor aún, debería decir que Dios habla *todo* el tiempo, pero nosotros podemos *oírLe* mejor en los espacios entre nuestros pensamientos, y también entre nuestras acciones. Porque, en esos momentos, nuestros pensamientos y acciones no se interponen.

Simplemente estate *dispuesto* a oír a Dios, y demuéstralo reservándote unos momentos sagrados cada día para escuchar.

MANTENTE BIEN DESPIERTO

El cuarto paso es un compromiso con la vigilia; un acuerdo que haces contigo mismo para *prestar atención a Dios*. Por eso lo llamo cuarto paso: vigilia.

Dios nos rodea por todas partes, y muchos de nosotros no Le prestamos atención. Es posible que estemos *dispuestos*..., puede que hayamos dado el tercer paso..., pero no estamos *despiertos*, y no estamos prestando atención.

A veces, paradójicamente, prestamos *demasiada* atención. *Buscamos con demasiado ahínco* lo que tenemos delante de la cara.

Estamos escuchando con tanta seriedad que nos perdemos el sonido.

Dios nos habla de mil maneras distintas, en un millón de momentos. Pero debemos cultivar lo que yo llamo la "despreocupación atenta"... o expectación inesperada, o la inactividad activa.

Ahí es cuando escuchas al no escuchar. Es cuando miras al no mirar. Es cuando abres el oído y el ojo de tu mente a nada en absoluto, sin esperar nada en absoluto.

En ese momento, no buscas nada en absoluto, no deseas nada en absoluto, no te esfuerzas por nada en absoluto..., simplemente estás con "nada/todas las cosas".

Esta *desatención atenta* convierte *cada* momento en una meditación. Deja que la vida pase, pero obsérvala con el rabillo del ojo, ¡con el rabillo del tercer ojo!

Las conversaciones con Dios se colarán dentro de ti. Puede que te den su mensaje a través de la letra de la próxima canción que oigas en los altavoces de los grandes almacenes o en un artículo que se desprende de una revista de hace dos años en la peluquería. Sus palabras pueden estar en una frase casual de un amigo con el que te cruzas en la calle, o en un cartel publicitario a la vuelta de la esquina, o puede ser un pensamiento fugaz que cruza tu mente, aparentemente salido de la nada.

De la nada...[3] es una expresión interesante. Si la partimos por la mitad, nos da dos palabras: aquí y ahora. Dios siempre está *Aquí Ahora*.

---

3. *Nowhere*, ningún lugar en inglés, que se puede dividir en *now-here*, ahora-aquí. (N. del t.)

No camines como un sonámbulo por la vida. Mantente despierto. Observa lo que sucede, pero sin buscar algo en particular.

Como ahora mismo. *¿Qué crees que está pasando ahora mismo?*

LLÁMALO COMO LO QUE ES

El quinto paso es la aceptación... o, si lo prefieres, la no negación. Tenemos que llamar a nuestras conversaciones con Dios exactamente como lo que son cuando ocurren.

Una vez que empecemos a reservar ese tiempo especial para Dios, y que empecemos a caminar por la vida vigilantes, nos daremos cuenta de que estamos recibiendo comunicaciones de lo Divino todo el tiempo. Ahora, de repente, nos *daremos cuenta* de ellas. Nos daremos cuenta de que la vida nos informa *sobre* la vida a través del proceso de vivir. Y nos convertiremos en parte consciente de ese proceso.

Aun así, si no tenemos cuidado, caeremos en la tentación —como ya he dicho antes— de llamar a esto otra cosa. Le daremos una etiqueta o un nombre que la gente pueda aceptar. Lo llamaremos cualquier cosa *excepto* una conversación con Dios. Y al negar lo que es, la minimizaremos. Ese es el peligro. No le daremos al mensaje de Dios la importancia que merece, porque lo llamamos menos de lo que es.

Esto también tiene otra faceta. Y es un poco paradójico, pero tengo que decírtelo para que no caigas en la trampa.

FRENA TU ENTUSIASMO

Deberás tener cuidado de no apegarte tanto emocionalmente a la posibilidad de esta experiencia que empieces a categorizar *todo lo que sucede* como "una señal" o "Dios hablándome". El sexto paso es el discernimiento.

En otras palabras, no te dejes llevar por la imaginación. No dejes que tu mente te juegue malas pasadas.

Dios te habla a través de tu alma, no a través de tu mente. Y sí, *puedes aprender a distinguir la diferencia.* A esto se le llama *discernimiento.*

Si estás buscando las llaves del coche y se te cae un euro del bolsillo a la acera, puede que no sea "una señal" de que debes sacar todo el dinero del bolsillo y tirarlo al suelo.

Si enciendes tu portátil por la mañana y tarda una eternidad en cargar los programas y empieza a funcionar mal, esto no tiene por qué ser "una señal" de que debes deshacerte de tu ordenador.

Sé juicioso. Hazles a todas las cosas la "prueba del estómago". Tu estómago sabrá cuando algo es verdad. ¿Lo has notado alguna vez? El estómago sabe lo que la mente solo puede preguntarse.

El cuerpo es más inteligente de lo que pensamos. Escucha a tu cuerpo. Fíjate en cómo te sientes. Si te sientes *elevado* por algo que has notado con el "rabillo del ojo", préstale atención. Si te sientes abatido o agobiado por una comunicación entrante, no puede venir directamente de Dios. Debe venir de tu mente. O...

tu mente la ha filtrado tanto que has perdido la pureza de la comunicación original.

EL IMPORTANTE TRABAJO DE LA MENTE

No me malinterpretes. Tu mente no es tu enemiga. Es una herramienta importante y eficaz y tiene un trabajo que hacer: asegurar tu supervivencia. Por lo tanto, tu mente siempre buscará cualquier cosa que parezca amenazarte. Será muy cautelosa. Verá cualquier posible mal resultado y te advertirá de él. Por eso, a menudo, te sentirás agobiado en lugar de animado por sus comunicaciones.

Y entonces, paradoja de paradojas, cuando tu mente vea que te sientes agobiado, hará todo lo posible para garantizar que superes ese "bajón" y puedas sobrevivir. Incluso puede darte un "subidón" temporal, como pensar que todo lo que experimentas es una "señal de Dios". Si *eso* no te hace sentir especial, nada lo hará.

De modo que ten cuidado con tu mente. Siempre es poderosa, pero no siempre es fiable. Usa el discernimiento. Ve al lugar que *está pensando en lo que tú estás pensando.* Esto es *lo que realmente eres.* Eres el observador de aquello que está siendo observado.

No eres ni tu cuerpo, ni tu mente, ni tu alma; eres la combinación de los tres.

Esta es la totalidad de tu ser, y esto es lo que estás tratando de experimentar durante tu estancia en la Tierra. Si sientes que has tenido un momento de cercanía y comunicación procedente de Dios, trátalo de una manera especial. Ya sea una estrella fugaz que aparece de repente, un impulso inexplicable de frenar el coche, o un intercambio real y bidireccional que llenó tu corazón, deja que ese momento te sirva al más alto nivel. Acéptalo como una prueba de la verdad por la que tu alma ha estado trabajando para poner ante ti desde el principio: que durante tu estancia en la Tierra, nunca estás solo.

En pocas palabras, realmente *estás teniendo conversaciones con Dios* todo el tiempo. Y tengo la esperanza de que, con el uso de los seis pasos que he expuesto aquí, puedas experimentar esas conversaciones con poder, deliberación e intención.

Golpea cuando el hierro esté candente

Experimentar una comunicación directa con la Divinidad puede tener un profundo efecto en cualquier persona. ¿Cuál es la forma más beneficiosa de responder cuando sentimos que hemos tenido esta experiencia?

En primer lugar, es importante saber que no hay ningún requisito en torno a esto. No hay nada que Dios necesite, espere o exija que hagas. Así que aléjate suavemente de cualquier preocupación sobre cómo Dios podría reaccionar a cómo reaccionas tú.

Lo segundo es que es importante saber que no es inusual quedarse aturdido tras este tipo de experiencia. El encuentro energético —especialmente el primero, si finalmente tienes una conversación bidireccional— puede muy bien producir emociones de asombro, maravillamiento e incluso incredulidad.

Yo decidí no sacudirme de encima el mensaje que se me había dado, y voy a ofrecerte este consejo: después de haber usado tu discernimiento para decidir qué pensamientos, conceptos e ideas vienen realmente de Dios, date el permiso de actuar a partir de ellos. Haz algo con ellos *ahora*, en lugar de ponerlos en una pila mental para *más tarde*.

PASAR A LA ACCIÓN

Cuando era niño, había un refrán que decía: "Golpea el hierro mientras esté candente".

Para forjar algo en el acero, hay que golpear el metal hasta darle la forma deseada mientras está caliente, cuando es lo bastante flexible como para convertirse en lo que desees.

Cuando tienes una conversación con Dios, algo quiere ser forjado de la materia sólida. Así que golpea mientras el hierro está caliente. *Hazlo. Actúa. Entra en ello*, en lugar de alejarte.

Y hazlo ahora, no mañana. No cuando tengas más tiempo, más dinero, o *lo que sea* que creas que no tienes ahora mismo en cantidad suficiente.

Al menos proponte empezar. Tal vez sea cierto que no tienes un elemento particular, o un aspecto particular, perfectamente situado en su lugar. Pero ten la intención de *empezar*. Y luego... hazte el propósito de *completar*.

Recuerda que *la vida se desarrolla a partir de tus intenciones para ella*. La compleción indica iluminación. Fíjate en lo ligero que te sientes cuando completas *cualquier cosa*.

En mi libro titulado *Lo único que importa*, hice la observación de que el 98% de la gente del mundo pasa el 98% de su tiempo en cosas que no importan. Tu vida —dice— tiene que ver con cómo buscas alcanzar la compleción del viaje del alma.

¿Puede esto ser cierto? ¿Es posible que nuestro tiempo en la Tierra nunca fue pensado para que estuviéramos centrados principalmente en nuestra experiencia física, sino en nuestra experiencia *metafísica?*

Puede ser cierto, y lo es.

Y... esta es la mejor parte: ir a donde tu alma trata de ir, experimentar lo que tu alma quiere experimentar y expresar lo que tu alma quiere expresar no significa negarte a ti mismo "la buena vida". De hecho, dejar que tu alma te guíe te ayudará a *asegurarte* de que encuentras la buena vida.

Completar el plan del alma no requiere que evites o renuncies a aquello de lo que tu cuerpo y tu mente disfrutan. No se trata de renunciar a un aspecto de la vida por otro, en una especie de versión interminable de la Cuaresma.

Si prestas atención al plan de tu alma y a lo que te invita a hacer, el resto de la vida se ocupará de sí misma. Se cuidará sola. O, parafraseando una frase mucho más elocuente: No vayas por ahí preguntando: *"¿Qué vamos a comer? ¿Qué vamos a beber? ¿Con qué nos vestiremos?" Buscad primero el Reino de los Cielos, y todas estas cosas se os darán por añadidura.*

El "Reino de los Cielos" y el "cumplimiento del viaje sagrado" se refieren a lo mismo. Cuando experimentas lo segundo, experimentas lo primero. El problema con ambas frases es que nadie ha explicado últimamente —si es que lo ha hecho alguna vez— cómo buscar el Reino de los Cielos.

El Reino de los Cielos no es, por supuesto, un lugar físico. Es el estado de plenitud, de estar *completo*. Hecho. Acabado. Se acabó la búsqueda de uno mismo. Se acabó el buscar paz, respuestas y razones. Y así, es perfecto que las dos frases se utilicen aquí indistintamente.

Para los humanos, es literalmente "el cielo" encontrarse en un estado en el que saben que ya no necesitan ser, hacer o tener nada más para experimentar la paz interior, el amor incondicional y la suave dicha del dulce desapego —en contraposición al enfado, el desentenderse o sentir "yo soy más santo que tú"—. Toda la paz interna que existe, y toda la que uno podría desear, está totalmente presente y puede ser experimentada *aquí mismo* y *ahora mismo*. Uno solo tiene que dejar de resistirse a lo que le presenta este momento y recordar que "aquello a lo que te resistes, persiste, y aquello a lo que miras deja de tener su forma ilusoria".

Una vez que vemos la ilusión como lo que es y nos damos cuenta de que nada ni nadie puede tocarnos de alguna manera que pueda herir, lastimar, enfadar, frustrar, decepcionar o dañar a nuestra alma, estamos *completos*.

El plan del alma es llevarte a este mismo estado, para que puedas recrearte de nuevo en cada *momento dorado del ahora* y convertirte en la siguiente versión más grandiosa de la mayor visión que hayas tenido acerca de *quién eres*. De este modo, puedes superar los acontecimientos o circunstancias externos que impactan en el cuerpo o la mente.

Volviendo a tomar prestado de *Lo único que importa*, estar *completo* crea el espacio para que ese aspecto de la vida que se llama "tú" se exprese, experimente, refleje, demuestre y personifique ese aspecto de la vida que se llama Divinidad.

Así que ten la intención de *comenzar* —y de *completar*— el siguiente paso del proceso de tu propia evolución. No te preguntes qué es lo que debes hacer en el siguiente momento de tu vida. No te preocupes por cuál debe ser, en términos concretos, tu próximo paso, ni por la manera exacta de afrontar tu dilema actual.

En lugar de eso, reza esta oración:

Gracias, Dios, por ayudarme
a comprender que este problema
ya ha sido resuelto para mí.

Pídele a Dios lo que quieras pedirle. Luego escucha, observa y espera. Escucha la respuesta.

INTÉNTALO AHORA MISMO

Tengamos un poco de alegría y emprendamos este proceso ahora mismo. Voy a invitarte a formular cualquier pregunta que quieras hacerle a Dios en este momento.

Toma papel y bolígrafo y escribe esa pregunta. Haz que sea una pregunta importante para ti, no algo frívolo, como quién va a ganar el Derby de Kentucky o qué número va a tocar en la lotería. Escribe algo que le importe a tu corazón y a tu alma.

Adelante. Tómate un momento ahora mismo y escríbelo.

Bien.

Ahora quiero que sepas que esta pregunta *será* respondida. Será contestada al instante. De hecho, está escrito: "Aun antes de que preguntes, yo habré respondido".

Sin embargo, puede que no oigas la respuesta en este mismo momento. Puede que no seas consciente de ello "ahora mismo". Es importante que comprendas esto antes de iniciar el proceso de las *Conversaciones con Dios*.

No hay una manera correcta o incorrecta de experimentar esto. Si no te llega al instante la respuesta que Dios te está dando, no pienses que tú mismo o el proceso estáis "equivocados". Adéntrate en la conversación sin expectativas. No todo el mundo pasa por el mismo proceso en su conversación con Dios.

Permite que eso esté bien. De lo contrario, corres el riesgo de querer demasiado o de *necesitar* demasiado que ocurra ahora mismo y de una manera concreta. Ten en cuenta que el mero hecho de desear una cosa la aleja de ti. Esto se debe a que tu expresión urgente de *querer algo* le dice al universo que *ahora no lo tienes*. Y esta es la realidad que experimentarás porque todo lo que declares con energía y coherencia solo recibirá una respuesta de Dios: Sí.

Recuérdalo.

Dios solo dice "sí".

De modo que si declaras: "¡Quiero más *dinero* en mi vida!". Dios dirá: "Sí, eso es cierto. Lo quieres". Y si dices: "¡Maldita sea, quiero a mi *pareja* perfecta!", Dios dirá: "Sí, es verdad. La quieres." Y entonces te preguntarás: "¿Qué pasa conmigo que nunca consigo lo que quiero?", porque no entiendes las leyes de la metafísica. No entiendes que tal como lo pronuncies, así se hará para ti, especialmente si lo dices con vehemencia, con poder, con una energía elevada y con consistencia.

Así que mantente alejado de esta trampa. Date tiempo. Ten paciencia contigo mismo y con el proceso. Si haces deliberadamente una pregunta a Dios, al final tomarás conciencia de la respuesta. Es probable que esto ocurra antes si dejas de buscarla con miedo o de exigirla con frustración, y simplemente permites que "venga a ti".

Pregunta y se te responderá. Llama y se te abrirá. Así que permítete recibir la respuesta en la madurez del tiempo. Deja que todo esté bien.

Ahora hablemos *sobre* Dios

Aquí hemos profundizado en las formas de tener conversaciones *con* Dios, pero no quiero dejar toda esta exploración del poder superior sin iniciar más conversaciones *sobre* Dios, e invitarte a que tú también lo hagas con tus conocidos.

Recuerda que dije que el primer paso para tener tu propia conversación con Dios es aceptar la posibilidad de que Dios exista, y a continuación observé que millones de personas en todo el mundo no lo creen. Creo que nos sería útil a todos hablar más a menudo y más abiertamente sobre este tema.

A la mayoría de la gente no le gusta hablar de Dios porque teme que provoque desacuerdos. Y, en realidad, *puede* que así sea, ya que la gente piensa de muy diferentes maneras sobre este tema. Por eso, uno de los muchos mensajes que se nos han dado en nuestra sociedad sobre cómo llevarnos bien con los demás es no hablar nunca de religión ni de política.

Traigo a colación este mensaje por una razón. Se nos aconseja que lo analicemos cuidadosamente para ver si nos sirve.

Nos conviene considerar lo que nos llega a través del *sistema de transmisión de mensajes* generado culturalmente, que afecta a toda la especie y forma parte de nuestra experiencia cotidiana.

Los mensajes nos llegan desde todos los ángulos: algunos, como comentarios fuera de lugar; otros vienen de las figuras de autoridad de nuestra vida; y los terceros, de personas a las que nunca hemos conocido ni oído hablar.

Quizá te resulte divertido ver algunos de los mensajes que nos han llegado para ilustrar este punto.

MENSAJES DE LOCURA

Nos han hablado de la "supervivencia del más apto", de que "el vencedor se queda con el botín", de que "los buenos acaban los últimos" y de que "el que tiene más juguetes gana".

Nos han dicho "sálvese quien pueda" y que "el fin justifica los medios". Hemos aprendido que "el dinero no cae del cielo" y que "hay que ser visto y no oído".

Nos han dicho que "nunca hay que pasarse de la raya" y que "has hecho la cama y ahora tienes que acostarte en ella". Nos han dicho que "somos nosotros contra ellos", que "no se puede luchar contra las instituciones", que "no se puede tener la tarta y al mismo tiempo comérsela", y que "nunca cuentes tus pollos antes de que nazcan".

Se nos ha dicho que "no echemos perlas a los cerdos", que "no cambiemos de caballo a mitad de camino", que "no te cortes la nariz para fastidiar la cara", "no pongas el carro delante del caballo", "no eches dinero bueno al malo", "no te deshagas del bebé con el agua del baño" y, *sobre todo,* "no hagas olas".

Yo los llamo los *mensajes de locura.* Algunos de ellos son totalmente contradictorios.

Las aves del mismo plumaje vuelan juntas. / Los polos opuestos se atraen.

El que no arriesga, no gana. / Más vale prevenir que curar.

La curiosidad mató al gato. / Lo que no sabes no puede hacerte daño.

El que duda está perdido. / Mira antes de saltar.

Muchas manos hacen el trabajo ligero. / Demasiados cocineros estropean el caldo.

No existe tal cosa como una comida gratuita. / Las mejores cosas de la vida son gratis.

¡Caramba!

A continuación —y esto no tiene nada de divertido, y es mucho más crítico—, están las cosas que te han dicho sobre Dios.

Nos han dicho que tenemos que obedecer los mandamientos de Dios, hacer la voluntad de Dios, seguir la ley de Dios y temer la ira de Dios. Nos han dicho que, cuando afrontemos el juicio de Dios, estaremos implorando su misericordia y, dependiendo de nuestras ofensas, puede que no la obtengamos, sino que seamos condenados a una tortura eterna e insoportable en el fuego del infierno.

El punto de todo lo anterior es: nuestras mentes se han llenado de muchos, muchos mensajes que han creado los cimientos de una realidad cotidiana tan alejada de nuestra verdadera razón para estar en la Tierra que es un milagro que podamos experimentar alegría o entusiasmo en este viaje... y mucho menos claridad con respecto a en qué consiste todo el asunto.

Ahora llega un nuevo mensaje: ignora la instrucción de no hablar de Dios cuando estés en compañía. Más bien, saca el tema.

¿HAY ALGO MÁS QUE SABER?

Pienso que una de las razones por las que el tema de Dios nos ha llevado a tantas dificultades, e incluso violencia, en nuestra sociedad global a lo largo de los años es que nuestra comprensión de Dios puede que sea incompleta. Creo que tal vez, solo *tal vez*, todavía queden cosas por descubrir aquí, algo que nos queda por conocer, y que descubrirlo y conocerlo podría cambiarlo todo.

¿Qué piensas tú? ¿Te parece posible? ¿Podría haber algo que la mayoría de la gente no sabe acerca de Dios, y dicho conocimiento podría alterar profundamente, de forma muy positiva, nuestra experiencia de la vida en la Tierra?

Por ejemplo, en el campo de la ciencia seguimos descubriendo nueva información todo el tiempo. Los científicos entienden que en el momento en que piensan que saben todo sobre algo, cierran toda posibilidad de un mañana mejor, porque suponer que sabemos todo lo que la ciencia tiene que enseñarnos significa que no podemos ir más allá de donde estamos ahora. No es cierto que la humanidad haya alcanzado su cima en este campo y los científicos lo saben.

Seguimos descubriendo nueva información en el campo de, por ejemplo, la medicina. Los investigadores médicos entienden que en cuanto piensan que lo saben todo sobre algo, cierran toda posibilidad de un mañana mejor, porque suponer que sabemos todo lo que la medicina tiene que enseñarnos significa que no podemos ir más allá de donde estamos ahora. Que la humanidad haya tocado techo en este campo, por supuesto, no es verdad y los investigadores médicos lo saben.

Por ejemplo, seguimos descubriendo nueva información en el campo de la tecnología. Los que se dedican a la tecnología entienden que en el momento en que piensan que saben todo sobre algo, cierran toda posibilidad de un mañana mejor, porque suponer que lo sabemos todo sobre la tecnología significa que no podemos ir más allá de donde estamos ahora. Que la humanidad haya tocado techo en este campo, por supuesto, no es cierto, y los que trabajan en tecnología lo saben.

Perdona la repetición, pero quiero dejar este punto claro.

¿Es posible que la *teología* también tenga algo nuevo por descubrir? Si la respuesta es no, entonces toda posibilidad de un mañana más brillante termina, porque la suposición de que sabemos todo lo que la teología tiene que mostrarnos significa que no podemos ir más allá de donde estamos ahora, significa que la humanidad ha alcanzado su cima en este campo.

Ahora, ¿es más cierto que lo hemos descubierto todo en el área de la teología que en las de la ciencia, la medicina o la tecnología? ¿Hemos alcanzado la cima de nuestra conciencia teológica? ¿No hay ni siquiera un pequeño dato sobre Dios que no tengamos? Y si hay algo que no comprendemos plenamente, ¿cómo podríamos llegar a comprenderlo mejor? ¿Negándonos a hablar de ello cuando estamos en compañía?

No lo creo.

Mi observación me ha mostrado que muchas personas no desean hablar sobre este tema, pero por otro lado tampoco les importa mucho pelearse. ¿Es posible que esto sea lo más educado que podemos hacer?

Por supuesto que no.

Entonces, no dejemos de tener conversaciones *con* Dios. Tengamos ahora conversaciones *sobre* Dios. Y seamos nosotros quienes *iniciemos* esas conversaciones. Sí, en compañía educada.

Atrévete, atrévete, "atrévete doblemente".

COMPARTIR UNA HISTORIA DIFERENTE

Muchas de nuestras religiones y culturas nos enseñan que Dios está "allá" y nosotros estamos "aquí", y que nuestro trabajo es volver "allí". Nuestro reto, nos dice esta antigua historia, es volver a Dios. Debemos atravesar la vida que estamos viviendo ahora —nuestro tiempo de aflicción— de un modo particular si esperamos hacer ese viaje de regreso.

Ahora estoy simplificando las cosas, pero esta es la forma en que piensan millones de personas sobre el propósito de la vida.

Quizá quieras ofrecer un pensamiento diferente, proponer una idea distinta o compartir una historia diferente.

¿Qué te parece la historia que se articuló antes, en la Primera parte, en el capítulo *¿Está Dios escuchando?* Para que no tengas que buscarla: *no* estamos separados de Dios, y nunca lo hemos estado. Tal cosa es imposible, porque *no hay nada que Dios no sea.* Invita a otros a que prueben esta afirmación para ver si les cuadra.

Solo hay *una cosa* que se expresa de innumerables maneras. Esta esencia única y divina es la energía de la vida misma y, por lo tanto, es *lo que tú eres.* No hay separación entre lo Divino y tú porque, por definición, no puede haberla.

Solo si Dios *no* es el poder superior —solo si Dios no es la esencia esencial que está presente en todas partes— puede haber separación de cualquier tipo.

Si la separación existe, entonces realmente *somos* "hijos de un dios menor" —que fue el título de una exitosa obra de Broadway de 1980, y de una exitosa película de 1986. La frase está tomada del undécimo capítulo de la obra de Alfred Lord Tennyson *Idilios del rey*: "¿Por qué está todo a nuestro alrededor como si un dios menor hubiera hecho el mundo?"—.

Sin embargo, no somos tal cosa, y cuando lo comprendemos, empezamos a *encarnarlo.* Experimentamos que Dios no es algo *fuera de nosotros* a lo que tenemos que pedir ayuda, sino más bien algo que está *dentro* de nosotros y a lo que podemos recurrir. Podemos *invocarlo* porque existe *en* nosotros, *como* nosotros.

Ahora bien, si te estás preguntando cómo puedes adquirir comprensión sobre cómo proceder en una situación cuando no tienes ni idea de cuál podría ser esa comprensión, la respuesta es la siguiente: puedes cultivar tu capacidad de escuchar esa "pequeña voz *interna*". En otras palabras..., decide tener *una charla..., una conversación con Dios.*

Si lo haces, descubrirás que Dios nunca te ha dejado y nunca te ha abandonado.

Dios simplemente ha estado esperando a que encontraras tu camino hacia Él. Y *entonces* descubrirás no solo paz y alivio del estrés, sino soluciones sorprendentes y respuestas a los retos y problemas diarios de la vida. Te llegarán ideas e inspiraciones; si confías en ellas y actúas en consecuencia, saldrás victorioso de tus problemas.

Esta ha sido, al menos, mi experiencia, y por eso nunca dejaré de participar en *charlas con Dios.* Espero que este libro te haya ayudado a empezar, o animado a continuar, tu conversación con Dios y que nunca, nunca dejes de hacerlo.

Hablemos también sobre el despertar

En el paso cuatro, describí que tener tu propia conversación con Dios es como *estar despierto*. Nuestro actual desafío en la Tierra es que el lugar está lleno de sonámbulos. Si los sonámbulos fueran felices, yo diría "¡déjalos dormir!". Pero no lo son. Son infelices. Están —si podemos hablar en metáforas— chocando contra las paredes y cayendo por los acantilados. Están chocando unos con otros, derribándose unos a otros, y pisoteándose unos a otros.

Gritan de dolor, gimen de sufrimiento, aúllan de rabia y maldicen de frustración.

Refunfuñan y gruñen y se quejan en medio de la pesadilla absoluta que han creado.

Peor aún, ahora algunas personas se preguntan si es mejor estar dormido que despierto. Este pensamiento loco ignora la razón por la que nos trajimos a nosotros mismos aquí, es decir: por qué pusimos voluntariamente nuestras almas en un cuerpo físico. Pero en esta pesadilla hecha realidad, a veces se prefiere la locura a la cordura, la irracionalidad a la racionalidad y el miedo al amor.

La definición de *locura* es hacer lo mismo una y otra vez esperando obtener un resultado diferente. Eso es lo que estamos haciendo en todo el planeta. Eso es lo que hacen los sonámbulos. Prefieren hacer lo mismo una y otra vez porque hacer algo nuevo podría despertarlos de su sueño.

Conversaciones con Dios nos dijo que la humanidad es una especie relativamente joven en el universo. Esto debe ser cierto porque las personas de nuestro mundo actúan como niños pequeños. Nos insultamos, amenazamos y peleamos entre nosotros. Nos matamos unos a otros cuando no estamos de acuerdo.

Estoy seguro de que, si los seres sensibles que viven en otros planetas vieran que esto está sucediendo allí, simplemente lo detendrían. Pero no aquí, en la Tierra. Aquí, simplemente seguimos repitiendo los mismos comportamientos, esperando obtener resultados diferentes.

Es una pesadilla creada por sonámbulos que dan vueltas en círculos, y la única respuesta es despertar a la gente. Pero la pregunta es: *¿Cómo podemos despertar a la gente?*

Creo que si realmente decidimos hablar de Dios —incluso al mismo tiempo que hablamos con Dios— nos beneficiaremos enormemente, porque la invitación que hoy nos hace la vida misma implica nada menos que el despertar de la humanidad.

¿Puede la humanidad ser despertada? ¿Es *capaz* nuestra especie de despertar, o estamos destinados a morir mientras dormimos?

Sin duda, ahora podemos ver que Al Gore tenía razón sobre lo que él llamó "la verdad incómoda" del calentamiento global. Ahora nos damos cuenta de que Gloria Steinem tenía razón sobre la necesidad de reconocer y poner fin a la disminución, subyugación y opresión de las mujeres. Ahora nos damos cuenta de que Martin Luther King Jr. tenía razón sobre la necesidad de que el movimiento por los derechos civiles avanzara en serio y de manera inmediata.

¿Podemos ver también que tenemos razón al afirmar que la humanidad necesita poner fin a la *teología de la separación* y crear una nueva espiritualidad en la Tierra?

Por supuesto, entendemos que, en el sentido literal de las palabras, el "bien" y el "mal" no existen. Aquí estamos hablando sobre "lo que funciona" y "lo que no funciona", teniendo en cuenta lo que nosotros, como especie, intentamos hacer.

¿Y cuál es nuestro objetivo? Intentamos sobrevivir el mayor tiempo posible.

¿Y por qué? ¿Simplemente para llegar a una edad madura? No, creo que se trata de algo más que eso.

A mi entender, estamos aquí en la Tierra, en cuerpos físicos, para servir a un propósito mayor. Creo que estamos aquí para avanzar en el *plan del alma,* que se centra en convertir nuestro *conocimiento* de quiénes somos en nuestra *experiencia* de quiénes somos.

Esta idea no es universalmente aceptada en la sociedad humana actual. Pero las personas que tienen claro que este es nuestro objetivo son muy conscientes de que estar en el reino físico es un ingrediente central para servir al plan del alma. Este es el único reino con las condiciones adecuadas para hacerlo posible.

Así que sí, estamos tratando de sobrevivir el mayor tiempo posible en nuestra forma física, con el fin de avanzar en la realización de nuestra misión. Pero un gran porcentaje de los humanos aún no entienden que necesitaremos una definición de Dios totalmente revisada y una conciencia enormemente ampliada del propósito de la vida si queremos garantizar una supervivencia *llena de alegría*, y no cargada de desdicha para nosotros, nuestros hijos y nuestros nietos.

Por eso, en estos momentos, las conversaciones *sobre* Dios son de vital importancia. Así que permitidme insistir en que nos beneficiaría enormemente hablar de Dios abierta, libre y frecuentemente, y explorar en profundidad entre nosotros el propósito de la vida. Podríamos abordar el tema en nuestras cenas, en las reuniones informales de familiares y amigos, en las charlas del comedor con compañeros de trabajo, mientras conversamos con nuestros hijos mayores en Facetime o Zoom, y sí, incluso —y quizás especialmente— como parte de reuniones sociales con otros miembros de nuestro templo, sinagoga o iglesia.

Conversaciones con Dios dice que "la vida informa a la vida sobre la vida a través del proceso de la vida misma". Los diálogos que acabo de sugerir solo son algunas de las formas en que la vida puede hacer esto.

La mayor idea que podrías compartir

El futuro puede ser más brillante hoy, y el mundo puede ser mejor hoy, porque estás en la Tierra ahora mismo. ¿Lo sabes? *Es cierto.* Cada trozo de energía amorosa y sanadora que aportas a los momentos de tu vida también es llevada a los momentos de las vidas de otros, porque incluso *pensar* en otro de una manera amorosa y curativa le envía esas energías. De este modo, el simple hecho de ser la persona cariñosa, atenta y generosa que eres, cambia el mundo que tocas.

Tienes un enorme poder dentro de ti. Dios trabaja a través de ti, *como* tú. En la medida en que permitas que esto ocurra conscientemente, como un *evento intencionado,* te conviertes en un mensajero. Muchos han estado esperando tu mensaje.

No he elegido esas palabras a la ligera. Cada uno de nosotros puede ser un mensajero, pero solo unos pocos lo saben. Podemos recordarnos unos a otros *quiénes somos realmente.* Si un número suficiente de nosotros lo hacemos, podemos cambiar muchas cosas en este planeta.

Eso es lo que todos los maravillosos maestros espirituales de la humanidad —hombres y mujeres, en la antigüedad y en la actualidad— se han propuesto hacer. La única diferencia entre nosotros y aquellos que han sido reconocidos como maravillosos maestros espirituales es que ellos recordaban quiénes eran realmente, y nosotros lo hemos olvidado, a menos que no lo hayamos hecho.

En el momento en que recordamos, nos unimos a esos maestros en la conciencia. Nos hacemos *uno* en conciencia con la única conciencia que existe. Una vez que hemos descubierto este secreto, muchos de nosotros flotamos dentro y fuera de esa única conciencia durante los días de nuestras vidas. Los grandes maestros espirituales simplemente permanecieron allí. Nosotros también podemos permanecer allí o, al menos, residir allí mucho más tiempo de lo que ahora lo hacemos la mayoría de nosotros.

¿Sabes cómo hacerlo? Hay un truco, y es fácil.

La forma de permanecer en un estado superior de conciencia, conectado a la *conciencia una que es,* es ayudar a *otra* persona a permanecer allí. Por eso te invito a hablar más a menudo y más abiertamente de Dios. Por eso cada uno de los grandes maestros hizo lo que hizo: pasaron sus vidas recordando que todos somos uno con Dios, y uno con los demás.

Los grandes maestros espirituales hicieron esto compartiendo una gran idea muy específica. Voy a invitarte a explorar, y luego a compartir, esta gran idea. Es muy probable que la hayas considerado antes en tu vida —quizás no tan exhaustivamente como se explorará aquí— pero probablemente la hayas considerado antes de esta lectura.

La idea en sí no es nueva. Lo revolucionario es que quizá la adoptes y decidas ponerla en práctica “a fondo”, e incluso decidas por primera vez compartirla abiertamente con otros.

Esta es la idea más grande que podrías compartir. Es una idea que puede cambiar total y completamente la forma en que tú, y aquellos con los que la compartes, vivís vuestra vida. Puede cambiar la *razón* por la que vives tu vida, todo lo que dices que quieres de tu vida, y todo lo que vas a poner en ella.

LA GRAN IDEA

He aquí, pues, la noción más grandiosa jamás albergada en la mente de los seres humanos. También es el impulso más antiguo jamás sentido, y el deseo más profundo que alguna vez haya tenido cualquier ser sensible: *estamos* —como nos han dicho muchas religiones— hechos a imagen y semejanza de Dios.

Permíteme repetirlo, para que su importancia no se nos escape a ninguno de los dos.

Estamos hechos a imagen y semejanza de Dios.

Haz todo lo que esté en tu mano ahora mismo para resistir cualquier tentación de responder a esto con: “Sí, sí, ya he oído todo esto antes”. Haberlo *oído* antes no significa nada para la mayoría de la gente. Hasta que pasé de los sesenta años de edad, esto no eran más que palabras para mí.

Ahora, sin embargo, todos estamos siendo invitados a poner esas palabras en acción y a permitir que signifiquen algo, no solo en sentido amplio, como concepto, sino como la *base diaria* de cada elección, decisión y acción.

Esta gran idea no es un dogma religioso, una ilusión o una metáfora espiritual.

La *ciencia* la ha situado en una nueva categoría. La ciencia nos dice ahora que cada uno de nosotros está hecho de la materia de la que está hecho *todo*. Cada uno de nosotros somos manifestaciones individualizadas de la fuerza primordial, de la energía indiferenciada, de la esencia esencial de la que surge toda la vida y que toda la vida expresa.

Cada uno de nosotros es Divino. Ahora la vida nos invita a demostrar nuestra Divinidad. Cada uno de nosotros es un aspecto de Dios, y la vida nos pide que hagamos de esa comprensión algo práctico y *funcional* en nuestra experiencia diaria.

¿Es esto realista? ¿Es posible? Veamos si podemos encontrar una base teórica en la realidad física para este gran supuesto.

¿Recuerdas que antes hablé de la medicina y de lo que ha descubierto? Bueno, estoy seguro de que sabes que la ciencia médica descubrió hace relativamente poco, a principios de los años 60 para ser exactos, las células madre: células indiferenciadas que pueden ser persuadidas a convertirse en cualquier célula del cuerpo que se necesite, y luego se las puede persuadir para que se reproduzcan.

Ahora bien, si la ciencia médica de esa joven especie del cosmos llamada "humanos" puede producir tal resultado utilizando su conocimiento recién adquirido, ¿qué te imaginas que puede hacer la *fuente del universo,* o como quiera que la concibas?

¿Sería muy inexacto llamar a la energía indiferenciada, a la esencia esencial de la vida, las "células madre" del universo? Yo creo que no. Pero he dado otro nombre a esta fuerza primordial: la he llamado Dios. La he descrito como Divina.

LA IDEA DETRÁS DE LA IDEA

La hipótesis es que, cuando expresas la esencia indiferenciada del universo, proyectas una *energía que es genérica.* Es constante y singular, inquebrantable e inmutable, precisamente porque es "indiferenciada".

En el nivel más elevado, esta energía pura es consciente y consciente de sí misma, porque ella misma es *conciencia* y *consciencia.* Es aquello de lo que surgen la conciencia y la consciencia diferenciadas. Esta fuerza primordial y fuente primera no quiere ni necesita nada por la sencilla y elegante razón de que es todo lo que podría querer.

Cada vez más seres humanos comprenden esto. Cada vez más de nosotros estamos empezando a comprender que todos somos emanaciones de la *misma única cosa.* Somos su producto y sus poseedores. También podemos ser sus proyectores.

Como tales, somos responsables de mucho más de lo que imaginamos, incluido nuestro futuro. La vida está simplemente esperando a que *tomemos* las riendas.

Todos los maestros espirituales nos han dicho que podemos hacer esto al demostrar nuestra Divinidad. Todos los maestros espirituales nos han dicho que, de este modo, estamos haciendo que Dios sea práctico y real, en nosotros, como nosotros y a través de nosotros.

QUÉ NOS IMPIDE VIVIR ESTA VERDAD

Lo que hemos estado exponiendo aquí —vivir y demostrar que cada uno de nosotros hemos sido hechos a imagen y semejanza de Dios— a primera vista puede parecer una ingenuidad idealista y totalmente inviable para afrontar los retos globales y resolver los problemas de la vida. Sin embargo, es una fórmula fácil y de acceso inmediato para transformar nuestra experiencia individual y sanar nuestro planeta. Y es más fácil de aplicar que cualquier solución que la mayoría de los seres humanos hayamos considerado seriamente.

Por eso, al principio, parece poco práctica: *Pocas personas lo han intentado.*

¿Cuántos son "pocos"? Apenas unos cientos en toda la historia de la humanidad. Y eso en los cientos de *miles de millones* que han vivido en la Tierra. Esta es la razón por la que la experiencia global de la humanidad no ha sido más elevada. Hemos percibido a estos pocos individuos con experiencias elevadas como algo diferente. Les hemos llamado santos, sabios... y sí, salvadores.

Paradójicamente, esas almas elevadas *no* han sido diferentes de nosotros, *y este ha sido su mensaje más repetido.* Nos han dicho, una y otra vez, que demostrar la Divinidad está al alcance de todos los seres humanos.

¿Por qué, entonces, no la alcanzan más seres humanos?

Muy sencillo. No saben cómo.

Y he aquí una segunda paradoja. Los *intentos de describir el proceso* han *impedido* que la Divinidad sea demostrada. Decirles a otros cómo vivir como expresiones de lo Divino ha causado mucha ira, violencia y miedo en este planeta.

Se nos ha dicho que es posible compartir esta información, pero las instrucciones han incluido seguir a *este* maestro, aceptar a *este* salvador, honrar a *este* mensajero, seguir *esta* doctrina o actuar de *esta* manera, y entonces nos encontramos en desacuerdo. Por tanto, como he observado repetidamente, batallamos y nos matamos unos a otros por nuestros desacuerdos.

Lo hemos hecho durante siglos, en realidad, durante milenios.

Y últimamente, las cosas han ido de mal en peor. Ahora conducimos con calcomanías en los parachoques que dicen: "Dios, sálvame de Tu pueblo".

Pero —por fin y al menos— también nos hacemos preguntas punzantes.

¿Hay alguna esperanza? ¿Somos nada más que una especie de seres sensibles desbocados, explotando bombas bajo tierra para demostrar nuestra invencibilidad? ¿Acabando con la vida de la gente por fusilamiento, o en sillas eléctricas, o con una inyección letal, para demostrar nuestra rectitud? ¿Permitiendo que 653 niños —según el último recuento— mueran de hambre en nuestro planeta *cada hora* mientras defendemos una economía global que beneficia, al más alto nivel, al menor número de seres humanos?

¿Hemos perdido tanto la cabeza colectivamente que pensamos que la forma de detener la violencia armada es que todo el mundo lleve un arma?

¿Hemos perdido tanto la voluntad colectiva como para no encontrar la manera de cambiar las condiciones que crean crisis de refugiados que dejan a miles sin hogar y mendigando asilo a otros países?

¿Hemos perdido tanto nuestra moral colectiva que consideramos que la división, la grosería, los insultos y el acoso verbal de mal gusto son los distintivos del liderazgo?

¿A esto hemos llegado? Armas de fuego, golpes de puño, agresiones verbales, mandíbulas prominentes, intimidadores bocazas y tiranos fuertemente armados, desafiando a cualquiera a defender lo que es amable, pacífico y, Dios no lo quiera, amoroso?

Si ni siquiera podemos ponernos de acuerdo sobre cómo discrepar, ¿podemos al menos ponernos de acuerdo sobre cómo ser agradables? ¿Podemos estar Divinamente inspirados, Divinamente motivados, Divinamente activados, Divinamente expresados y Divinamente realizados?

Sí.

Sí, podemos.

Pero lo que el mundo necesita ahora es una manera suave y amorosa de reemplazar nuestro enfoque temeroso, justiciero y condenatorio comprendiendo que todos podemos experimentar y expresar nuestro yo superior —que es, de hecho, nuestra verdadera naturaleza— en la vida cotidiana.

La vida —y, en este momento, este libro— nos invita a entablar conversaciones sobre Dios en buena compañía. Se nos pide que acabemos con la ilusión de separación y que abracemos y *compartamos* la verdad de que *todos somos uno*, y de que cada uno de nosotros estamos hechos a imagen y semejanza de Dios.

Y la maravilla de *esta manera de cambiarlo todo* es que podemos empezar en nuestros propios hogares. No tiene por qué ser un movimiento político planetario.

No tiene por qué producir una transformación global y social inmediata. No tiene que generar un renacimiento espiritual mundial. Puede empezar, como he sugerido antes, en nuestra mesa a la hora de la cena, en nuestro salón, en el fregadero de nuestra cocina.

Podemos empezar a demostrar la Divinidad en el momento inmediato y en la vecindad inmediata. Se nos han dado las herramientas muchas veces, por muchos mensajeros, y una vez más en los diálogos de *Conversaciones con Dios*.

He decidido tomar prestados algunos pasajes del libro titulado *God's Message to the World: You've Got Me All Wrong*, porque si vamos a comprender plenamente el amor incondicional y la aceptación total de la deidad descrita en *Conversaciones con Dios*, querremos explorar a fondo la lógica que subyace a la idea de que Dios no exige ser amado.

Como seguramente ya sabrás, muchos creen lo contrario. En lo que ha sido etiquetado como el mayor de los Diez Mandamientos, leemos: "Amarás al Señor tu Dios con todo tu corazón, con toda tu alma y con todas tus fuerzas". En otras palabras, Dios *exige* ser amado.

¿ESTÁS DE ACUERDO?

He estado sugiriendo con determinación que todos hablemos más a menudo y más abiertamente sobre este Dios del que hemos oído hablar, pero ¿qué vamos a decir? Es decir, en resumen, ¿qué es lo que se nos invita a compartir?

Comencé articulando algo de esto en la Primera parte de este libro, y más tarde sugerí que comenzáramos a compartir una historia diferente sobre Dios. ¿Puedo ofrecer algunas palabras más para aclararlo? Puede que las siguientes reflexiones te resulten útiles para llegar a articular los puntos que deseas establecer. A menos, claro está, que no estés de acuerdo conmigo. Veamos.

Mi sugerencia es: que se diga, claramente y sin equívocos, que el Dios de este universo —en *virtud* de *ser* Dios— no necesita ni requiere la adulación de nadie.

El Dios de este universo —en virtud de ser Dios— no tiene nada que perder al acoger a cualquier alma que llegue a la Divinidad por cualquier camino. Dios se alegra enormemente cuando un alma encuentra el camino de vuelta a casa al darse cuenta, aceptar y asumir su *verdadera identidad.*

La idea de que Dios rechaza a todos excepto a aquellos que llegan a Él por un camino espiritual o religión determinados es sencillamente errónea. Va en contra de todo pensamiento racional y contradice directamente la definición de amor puro.

La buena noticia es que nuestra deidad no es un Dios de marca. El amor de Dios, la aceptación de Dios, y la alegría de Dios en nosotros no dependen de las palabras que pronunciemos en la oración, del nombre que invoquemos en la súplica o de la fe que abracemos con esperanza. A los ojos de Dios, un judío es tan digno del amor de Dios como un cristiano, un cristiano es tan digno como un musulmán, un musulmán es tan digno como un hindú, un hindú es tan digno como un budista, un budista es tan digno como un mormón, un mormón es tan digno como un Bahá'i, y un Bahá'i es tan digno como un taoísta. Un ateo es tan digno como todos los anteriores.

Ahora bien, ya sé que esto va en contra de las enseñanzas de muchas religiones, por lo que la afirmación anterior es difícil de creer para algunas personas. Sin embargo, *lo que es* es *lo que ES,* y ni su *aseidad —Ser—*, ni su alegría y dicha por ser la *aseidad —Ser—*, dependen de una expresión particular, ni de una manera particular, de cualquier parte de *Lo Que Es*.

Vayamos aún más lejos. Ni siquiera es necesario que los seres humanos crean en Dios para que fluyan las bendiciones de Dios. El flujo de Sus bendiciones es la máxima alegría para Dios. El proceso es ininterrumpido y eterno. No tiene nada que ver con *nuestro* amor a Dios, sino con el amor de *Dios* por *nosotros*.

Este puede ser el concepto más difícil de aceptar para los seres humanos. La mayoría de los seres humanos simplemente no pueden abrazar la noción de que el amor divino fluye libremente a todos, sin excepción, requisito ni condición de ningún tipo.

En una notable inversión, muchos humanos declaran que el amor de Dios *fluye* libremente a todos, y que el juicio, la condena y el castigo de Dios es una *demostración* de Su amor.

Solo a través de una arquitectura teológica tan enrevesada pueden preservar la idea de un "Dios bondadoso y bueno", aunque es cuestionable si tal preservación se ha logrado al nivel que desearían los que han construido esta teología. Hay muchas más pruebas de que la idea de un *Dios bondadoso y bueno* ha sido abandonada por algunas de las mayores religiones del mundo. Esta podría ser la razón principal por la que el 15% de la población del planeta rechaza la idea de cualquier tipo de Dios.

Esta es una de las mayores tristezas que le han ocurrido a la humanidad, ya que ha robado a muchos miembros de la especie su mayor recurso, lisiando a la especie inconmensurablemente.

Esperemos que el Dios descrito por los numerosos mensajeros de lo que se ha llamado la *nueva espiritualidad* sea una deidad que los humanos del siglo XXI y más allá podamos abrazar. Lo que ahora se necesita en la Tierra es un movimiento a favor de *los derechos civiles del alma*, que libere por fin a la humanidad de la opresión de sus creencias en un Dios violento, iracundo y vengativo.

Aquí es donde tú puedes entrar. Decidiendo hablar de Dios más a menudo, más abiertamente, y con más gente, puedes desempeñar un papel en extender la conciencia sobre la verdadera naturaleza de la Divinidad a los demás.

Y para ello no tienes que convertirte de repente en un proselitista. ¿Me creerías si te digo que compartir con los demás que ahora estás eligiendo tener tus propias conversaciones con Dios podría hacer que algunos ojos parpadeen y que se abran nuevas conversaciones? Te prometo que sí.

A veces, el mero hecho de decir a otros que has leído un libro que te ha parecido fascinante, y en el que podrían estar interesados, puede ser todo lo que se necesita para estimular la naturaleza inquisitiva de quienes están abiertos a explorar más a fondo este profundo tema.

Observa lo que ocurre cuando dices que el título del libro es *Dios te habla.* O *Conversaciones con Dios.* Observa su reacción y, a medida que pase el tiempo, decide cuál te parece la forma más eficaz de despertar el interés de los demás por echar una nueva mirada a todo este tema.

Unas palabras de gratitud

Gracias por leer este libro hasta su última página. La intención de este libro ha sido, por supuesto, mostrarte que *puedes estar,* y *has estado,* teniendo tu propia comunicación bidireccional con lo Divino. Espero que algunas de las herramientas que he compartido contigo aquí te abran a experiencias vívidas de esa realidad.

Hace falta algo más que curiosidad para seguir explorando formas de integrar en tu vida diaria ideas y experiencias que pueden ser nuevas para ti. Se necesita *compromiso*, compromiso con el crecimiento. Y eso no es poca cosa. En realidad se requiere valentía intelectual, determinación personal y apertura espiritual. Así que, tanto si estás de acuerdo como si no, si te parece bien en todo o en parte —o si no resuenas con esto en absoluto con lo que has encontrado aquí—, tienes toda mi admiración por tu voluntad de emprender el viaje.

También envío mi admiración y mi gratitud a la editorial Sacred Stories por su maravilloso trabajo en la producción de la serie de libros Common Sentience. Esta inusual colección de textos refleja el compromiso de la editorial de ofrecer posibilidades de crecimiento a los demás, compartiendo las experiencias personales de muchos de nosotros que podrían abrir puertas en las que algunas personas no habían pensado seriamente, hasta que vieron los títulos de esta colección.

Así pues, mi agradecimiento tanto al editor como al lector.

Conoce a los narradores sagrados

REVERENDA TIFFANY JEAN BARSOTTI, doctora en Filosofía, es una reconocida médica intuitiva, sanadora, investigadora y autora del libro *The Biology of Transformation: The Phisiology of Presence and Spiritual Transcendence.*

Página web: healandthrive.com.

DEBORAH K. BATES es arpista, cantante, conferenciante, autora e instructora de Sacred U. Aparece en programas de radio y televisión y su música, presentaciones y charlas se centran en conectar a las personas con su divinidad y con la naturaleza.

Página web: deborahkbates.bandcamp.com.

SUE BRYAN, doctora en Filosofía, es una educadora jubilada. Sue vive y escribe en Santa Fe, Nuevo México, donde encuentra su conexión con Dios en la belleza del desierto.

Página web: inwardjourney2020.substack.com.

ANNE CEDERBERG es naturalista y artista, especializada en experiencias místicas en la naturaleza y en el poder curativo de la naturaleza. Su misión es ayudar a los demás a ver a Dios en el mundo natural.

Página web: ourmysticalnature.wordpress.com.

MARE CROMWELL es una mística y gran sacerdotisa de Gaia, autora galardonada y sanadora. Se le ha dicho que su trabajo con la Madre Gaia está en las profecías de los nativos.

Página web: greatmotherlove.earth.

EMILY HINE es ejecutiva de tecnología, salud mental, mindfulness y compasión. Es autora del libro *Holy Sit: Learning to Sit, Stay, Heal, and Serve.*

Página web: emilyhine.com.

DR. JULIE KRULL es comadrona de la evolución de la conciencia, de la transformación de sistemas completos y de una visión global del mundo. Es una autora de superventas, ganadora del Premio Nautilus, conferenciante y presentadora de *The Dr. Julie Show: All things connected.*

Página web: thedrjulieshow.com.

MARCIA LOWRY ofrece sanación energética canalizada y talleres a través de Awakening Heart Center de Saint Paul. Las sesiones incluyen sonido Qigong, cristales o EFT para aportar sanación física, espiritual, emocional y ancestral.

Página web: awakeningheartcenter.com.

SIOBHAN MAGUIRE es una empática sensible a la que diagnosticaron un cáncer a los treinta y un años y eligió un camino completamente holístico hacia el bienestar, dedicando más de 20 años a su trabajo como sanadora, *coach* y terapeuta.

Página web: healthyselftherapy.com

JENNY MANNION sanó siete años de enfermedades en tres semanas y despertó a su propósito. Es autora, conferenciante, maestra y sanadora inspiradora del amor a uno mismo y de manifestar la vida que deseamos.

Página web: jennymannion.com.

PAUL J. MILLS, PH.D. es científico, educador y autor del libro ganador del premio Gold Nautilus de ciencia y cosmología, *Science, Being, & Becoming: The Spiritual Lives of Scientists.*

Página web: pauljmills.com.

PAMELA D. NANCE tiene un máster en antropología, investigó la supervivencia de la conciencia después de la muerte, y tiene certificados en toque sanador, regresión a vidas pasadas, hipnoterapia, chamanismo y radiestesia espiritual.

Página web: pamelanance.com.

ANCA RADU es la madre de Ayan, un niño de 7 años que sobrevivió a un cáncer agresivo en estadio cuatro. Es socióloga, trabaja a tiempo completo como gestora de recursos humanos y practica el chamanismo.

DR. BERNIE SIEGEL es uno de los principales profesores sobre la conexión mente-cuerpo y conocido por su bestseller del New York Times *Amor, Medicina y Milagros*. Bernie también es autor de la novela *Three Men, Six Lives* y coautor, junto con su nieto Charlie, de *When You Realize How Perfect Everything Is*, un libro de escritos cortos y poesía.

Página web: berniesiegelmd.com.

YAELLE SCHWARZ es una creadora, escritora y guía artística que combina su formación creativa y experiencia con su formación como terapeuta de masajes, facilitadora de talleres y conferenciante.

M. J. STANTON. La misión de vida de M.J. Stanton es ayudar a la condición humana compartiendo sus experiencias vitales. Por eso escribe, y lo considera un don de Dios.

Página web: livingwellministry.org.

AGUSTINA THORGILSSON es psicóloga licenciada. Su visión es ayudar al mundo a ser un lugar mejor mostrando a la gente cómo trascender hasta las experiencias vitales más difíciles y encontrar la paz.

Página web: life-navigation.com

DR. JANET SMITH WARFIELD es la fundadora de Planetary Peace, Power, and Prosperity Legacy Foundation, Inc., una fundación educativa que apoya a quienes desean paz, el empoderamiento y la prosperidad en sus vidas.

Página web: planetarypeacepowerandprosperity.org.

Conoce al autor

Neale Donald Walsh es autor de 40 libros sobre espiritualidad contemporánea y su aplicación práctica en la vida cotidiana. Entre sus títulos figuran nueve de la serie *Conversaciones con Dios,* siete de los cuales entraron en la lista de *bestsellers* del *NY Times*. El Libro Uno permaneció 134 semanas en esa lista. Sus obras han sido traducidas a 37 idiomas y leídas por millones de personas en todo el mundo.

Más información en nealedonaldwalsch.com.